Adolf Göpel, Heinrich Weber

Entwurf einer Theorie der Abel'schen Transcendenten erster Ordnung, 1847

Adolf Göpel, Heinrich Weber

Entwurf einer Theorie der Abel'schen Transcendenten erster Ordnung, 1847

ISBN/EAN: 9783743412866

Hergestellt in Europa, USA, Kanada, Australien, Japan

Cover: Foto ©berggeist007 / pixelio.de

Manufactured and distributed by brebook publishing software (www.brebook.com)

Adolf Göpel, Heinrich Weber

Entwurf einer Theorie der Abel'schen Transcendenten erster Ordnung, 1847

Ankündigung.

Der grossartige Aufschwung, welchen die Naturwissenschaften in unserer Zeit erfahren haben, ist, wie allgemein anerkannt wird, nicht zum kleinsten Masse durch die Ausbildung und Verbreitung der Unterrichtsmittel, der Experimentalvorlesungen, Laboratorien u. s. w., bedingt. Während aber durch die vorhandenen Einrichtungen zwar die Kenntniss des gegenwärtigen Inhaltes der Wissenschaft auf das erfolgreichste vermittelt wird, haben hochstehende und weitblickende Männer wiederholt auf einen Mangel hinweisen müssen, welcher der gegenwärtigen wissenschaftlichen Ausbildung jüngerer Kräfte nur zu oft anhaftet. **Es ist dies das Fehlen des historischen Sinnes und der Mangel an Kenntniss jener grossen Arbeiten, auf welchen das Gebäude der Wissenschaft ruht.**

Diesem Mangel soll durch die Herausgabe der **Klassiker der exakten Wissenschaften** abgeholfen werden. In handlicher Form und zu billigem Preise sollen die grundlegenden Abhandlungen der gesammten exakten Wissenschaften den Kreisen der Lehrenden und Lernenden zugänglich gemacht werden. Es soll dadurch ein **Unterrichtsmittel** beschafft werden, welches das Eindringen in die Wissenschaft gleichzeitig belebt und vertieft. Dasselbe ist aber auch ein **Forschungsmittel** von grosser Bedeutung. Denn in jenen grundlegenden Schriften ruhten nicht nur die Keime, welche inzwischen sich entwickelt und Früchte getragen haben, sondern es ruhen in ihnen noch zahllose andere Keime, die noch der Entwicklung harren, und dem in der Wissenschaft Arbeitenden und Forschenden bilden jene Schriften eine unerschöpfliche Fundgrube von Anregungen und fördernden Gedanken.

Die **Klassiker der exakten Wissenschaften** sollen ihrem Namen gemäss die rationellen Naturwissenschaften, von der Mathematik bis zur Physiologie umfassen und werden Abhandlungen aus den Gebieten der **Mathematik, Astronomie, Physik, Chemie** (einschliesslich **Krystallkunde**) und **Physiologie** enthalten.

Die allgemeine Redaktion führt von jetzt ab Professor Dr. Arthur von Oettingen (Leipzig); die einzelnen Ausgaben werden durch hervorragende Vertreter der betreffenden Wissenschaften besorgt werden. Die Leitung der einzelnen Abtheilungen übernahmen: für Astronomie Prof. Dr. Bruns (Leipzig), für Mathematik Prof. Dr. Wangerin (Halle), für Krystallkunde Prof. Dr. Groth (München), für Pflanzenphysiologie Prof. Dr. W. Pfeffer (Leipzig), für Chemie Prof. Dr. W. Ostwald (Leipzig), für Physik Prof. Dr. Arthur von Oettingen (Leipzig).

Fortsetzung auf der dritten Seite des Umschlages.

Entwurf einer Theorie
der
ABEL'SCHEN TRANSCENDENTEN
erster Ordnung

von

Dr. A. GÖPEL.
(1847.)

Herausgegeben

von

H. Weber.

Aus dem Lateinischen übersetzt

von

A. Witting.

LEIPZIG

VERLAG VON WILHELM ENGELMANN

1895.

Entwurf einer Theorie der Abel'schen Transcendenten erster Ordnung

von

Dr. A. Göpel.

Crelle's Journal. Bd. 35. 1847. S. 277—312.

———

Während die Theorie der *Abel*'schen Transcendenten schon seit langer Zeit die Mathematiker anstrengte, wovon dieses Journal und der voriges Jahr von der Pariser Academie ausgesetzte Preis vollgültige Zeugen sind, habe auch ich selbst vor 7 oder 8 Jahren einiges in dieser Sache erdacht. Als ich mich nämlich mit den elliptischen Functionen abgab, erkannte ich sofort, dass sie auf wesentlich andere Art behandelt werden könnten, wie bei *Abel* und *Jacobi*. Und bald bemerkte ich auch, dass diese Methode viel allgemeinere Fragen umfasst und das Fundament der Theorie der *Abel*'schen Transcendenten ist, ja sogar aller, die aus der Integration algebraischer Grössen entstehen. Ich verschob es, diese meine Untersuchungen den Mathematikern mitzutheilen, in der Hoffnung einmal Zeit zu finden, sie sorgfältig ausgearbeitet und der Aufmerksamkeit der Gelehrten würdig darbieten zu können; besonders da ich keinen der Analytiker eine derartige Behandlung auch nur vermuthen sah. Gleichwohl erschienen neuerdings zwei Briefe, von Herrn *Hermite* vor drei Jahren an Herrn *Jacobi* gerichtet (vgl. Bd. 33 dieses Journals), in denen er einerseits höchst geschickt vieles über höhere Transscendenten erörterte, andererseits einiges aus der Theorie der elliptischen Functionen vorlegte, das dem Meinigen so ähnlich war, dass er den von mir selbst zurückgelegten Weg einzuschlagen schien. Damit meine Arbeit nicht veraltete, wollte ich nun lieber ungeordnet als überhaupt gar nichts sagen; obschon derselbe bedeutende Gelehrte bekannt hat, dass er bisher in der Theorie der *Abel*'schen Transcendenten noch nicht weiter kommen könne. Ich beschloss daher unter liebenswürdiger Aufmunterung des Herausgebers dieses Journals, eine Probe der neuen Theorie hinzugeben, wie gering auch immer sie sei; da ich bei der Abfassung mehr als ich wünschte eilen musste, so bitte ich, falls etwas weniger lichtvoll und elegant gesagt ist, den Leser um wohlwollende Nachsicht und um Berücksichtigung jener Sachlage. Den Weg aber, den ich hier eröffne, überlasse ich zur Verfolgung und zum weiteren Ausbau andern, denen die dazu nöthige Musse von Gott beschieden ist.

[278] ### Vorbemerkungen.

Aus den Elementen ist bekannt, dass jeder beliebige quadratische Ausdruck zweier Variabler $\mathfrak{a}$ und $\mathfrak{b}$, wie

$$(1.) \quad \alpha\mathfrak{a}^2 + 2\beta\mathfrak{a}\mathfrak{b} + \gamma\mathfrak{b}^2 + 2\delta\mathfrak{a} + 2\varepsilon\mathfrak{b} + \zeta$$

unter Beifügung einer passenden Constanten in die Summe zweier Quadrate

$$(2.) \quad (u + \mathfrak{a}K + \mathfrak{b}L)^2 + (u' + \mathfrak{a}K' + \mathfrak{b}L')^2$$

übergeführt werden kann. In der Theorie der Kegelschnitte ist dies das Problem der Reduction der Gleichung auf das Centrum und die Axen. Ausgenommen ist der Fall, wo $\beta^2 = \alpha\gamma$ oder damit gleichbedeutend $KL' - K'L = 0$, der eine solche Transformation nicht zulässt. Denn da man allgemein hat:

$$X^2 + Y^2 = \left(\frac{pX + qY}{\sqrt{p^2 + q^2}}\right)^2 + \left(\frac{qX - pY}{\sqrt{p^2 + q^2}}\right)^2,$$

so kann jener Ausdruck (2.) dann in die Form gebracht werden

$$\left(\frac{K'u - Ku'}{\sqrt{K^2 + K'^2}}\right)^2 + \left(\frac{Ku + K'u' + \mathfrak{a}\,\overline{K^2 + K'^2} + \mathfrak{b}\,\overline{KL + K'L'}}{\sqrt{K^2 + K'^2}}\right)^2,$$

die offenbar, wenn $\beta^2 = \alpha\gamma$, unter Beifügung einer geeigneten Constanten, nur ein Quadrat enthält. Daher nehmen wir an dieser Stelle den Fall, wo $KL' - K'L$ verschwindet, ebenfalls aus und trennen ihn von unsern Untersuchungen.

Entwurf einer Theorie der Abel'schen Transcendenten. 5

Den Constanten des Ausdruckes 2. wollen wir eine etwas andere Form beilegen. An Stelle jener Grössen u, K, L, u', K', L' setzen wir $u \mid r$. $2K \mid r$. $2L \mid r$, $u' \mid r'$, $2K' \mid r'$. $2L' \mid r'$ und betrachten die Formel

3. $\quad r u + 2\mathfrak{a} K + 2\mathfrak{b} L^2 + r' u' + 2\mathfrak{a} K' + 2\mathfrak{b} L'^2.$

Nun ist schon klar, was das Fundament alles Folgenden ist, dass, wenn die Variable $\mathfrak{a}$ um die Einheit wächst, statt dessen ebenso gut die Grösse u das Increment $2K$ und zugleich u' das Increment $2K'$ erhalten könnte. Ebenso ist das Wachsthum von $\mathfrak{b}$ um die Einheit gleichbedeutend mit der gleichzeitigen Zunahme von u und u' um $2L$ und $2L'$. Bildet man also den Complex aller Werthe, die der Ausdruck (3.) für ganzzahlige $\mathfrak{a}$ und $\mathfrak{b}$ annimmt, so ist offenbar, dass dieser Complex für $u + 2K$, $u' + 2K'$ anstatt u und u' (oder auch für $u + 2L$, $u' + 2L'$ anstatt u und u' in sich selbst übergeht, da sich jeder Werth in den nächstfolgenden verwandelt. Dasselbe gilt überhaupt für einen Complex von Werthen, der aus irgend einer Function des Ausdrucks 3.) für alle ganzzahligen $\mathfrak{a}$ und $\mathfrak{b}$ hervorgeht.

279. Darlegung des Problems.

Es sei nun eine doppelt unendliche Reihe gebildet, deren allgemeines Glied eine Exponentialfunction jenes Ausdrucks (3.) ist und durch $e^{ru^2 + r'u'^2} P''' u, u'$ bezeichnet werde.

$$e^{ru^2 + r'u'^2} P''' u, u' = S e^{r(u + 2\mathfrak{a} K + 2\mathfrak{b} L)^2 + r'(u' + 2\mathfrak{a} K' + 2\mathfrak{b} L')^2}$$

oder explicite:[1]

$$e^{ru^2 + r'u'^2} P''' u, u') =$$

$$\begin{aligned}
&\ldots + \\
&\ldots + e^{r(u - 2K - 2L)^2 + r'(u' - 2K' - 2L')^2} + e^{r(u - 2L)^2 + r'(u' - 2L')^2} \\
&\qquad + e^{r(u + 2K - 2L)^2 + r'(u' + 2K' - 2L')^2} + \ldots \\
&\ldots + e^{r(u - 2K)^2 + r'(u' - 2K')^2} + e^{ru^2 + r'u'^2} \\
&\qquad + e^{r(u + 2K)^2 + r'(u' + 2K')^2} + \ldots \\
&\ldots + e^{r(u - 2K + 2L)^2 + r'(u' - 2K' + 2L')^2} + e^{r(u + 2L)^2 + r'(u' + 2L')^2} \\
&\qquad + e^{r(u + 2K + 2L)^2 + r'(u' + 2K' + 2L')^2} + \ldots \\
&\ldots +
\end{aligned}$$

Aus dem Vorhergehenden steht fest, dass diese Function von u und u' derart periodisch ist, dass sie für die simultanen Werthe

$$\begin{cases} u = u + 2K, & u + 4K, \text{ etc.} \quad u + 2L, \; u + 4L, \text{ etc.} \\ u' = u' + 2K', & u' + 4K', \text{ etc.} \quad u' + 2L', \; u' + 4L', \text{ etc.} \end{cases}$$

in sich selbst übergeht. Es ist aber zweckmässig, die Werthe, die jene Function für zwischenliegende Werthe der Argumente u und u' annimmt, besonders zu bezeichnen. Ebenso werden wir den Reihen, die aus denselben Gliedern nur mit wechselnden Vorzeichen zusammengesetzt sind, eigene Symbole beilegen. So entstehen 16 Functionen von u und u', die wir folgendermaassen bezeichnen:[2]

$$\begin{cases}
e^{ru^2+r'u'^2} P(u,u') &= S\;-1^{a+b} e^{r(u+2aK+2bL)^2 + r'(u'+2aK'+2bL')} \\
e^{ru^2+r'u'^2} P'(u,u') &= S\;-1)^b \times \text{mit demselben Factor} \\
e^{ru^2+r'u'^2} P''(u,u') &= S\;-1)^a \times \text{mit demselben Factor} \\
e^{ru^2+r'u'^2} P'''(u,u') &= S\;\;1 \;\;\times \text{mit demselben Factor} \\
e^{ru^2+r'u'^2} iQ(u,u') &= S\;-1^{a+b} e^{r(u+(2a+1)K+2bL)^2 + r'(u'+(2a+1)K'+2bL')^2} \\
e^{ru^2+r'u'^2} Q'(u,u') &= S\;-1)^b \times \text{mit demselben Factor} \\
e^{ru^2+r'u'^2} iQ''(u,u') &= S(-1)^a \times \text{mit demselben Factor} \\
e^{ru^2+r'u'^2} Q'''(u,u') &= S\;\;1 \;\;\times \text{mit demselben Factor} \\
e^{ru^2+r'u'^2} iR(u,u') &= S(-1)^{a+b} e^{r(u+2aK+(2b+1)L)^2+r'(u'+2aK'+(2b+1)L')^2} \\
e^{ru^2+r'u'^2} iR'(u,u') &= S\;-1)^b \times \text{mit demselben Factor} \\
e^{ru^2+r'u'^2} R''(u,u') &= S\;-1)^a \times \text{mit demselben Factor} \\
e^{ru^2+r'u'^2} R'''(u,u') &= S\;\;1 \;\;\times \text{mit demselben Factor} \\
e^{ru^2+r'u'^2} S(u,u') &= S\;-1^{a+b} e^{r(u+(2a+1)K+(2b+1)L)^2+r'(u'+(2a+1)K'+(2b+1)L')^2} \\
e^{ru^2+r'u'^2} iS'(u,u') &= S\;-1)^b \times \text{mit demselben Factor} \\
e^{ru^2+r'u'^2} iS''(u,u') &= S\;-1)^a \times \text{mit demselben Factor} \\
e^{ru^2+r'u'^2} S'''(u,u') &= S\;\;1 \;\;\times \text{mit demselben Factor}
\end{cases}$$

[280] Da aber wegen der doppelten Argumente und Perioden für das Schreiben und Lesen Unbequemlichkeiten entstehen, so gebrauchen wir gelegentlich Abkürzungen. So schreiben wir für $P(u,u')$ einfacher P oder $P(u)$. Ebenso werden wir in den Exponentialgrössen den zum zweiten Argument u' gehörenden Theil öfter weglassen, so dass $e^{r(u+2aK+2bL)^2+\cdots}$ kommt für $e^{r(u+2aK+2bL)^2+r'(u'+2aK'+2bL')^2}$; $e^{4raKu+4ra^2K^2+\cdots}$ für $e^{4raKu+4ra^2K^2+4r'aK'u'+4r'a^2K'^2}$; $P(u+A)$ für $P(u+A, u'+A')$ u. s. w.

Nach diesen Festsetzungen müssen wir die Eigenschaften der Functionen P, Q etc. aufspüren und die zwischen ihnen bestehenden algebraischen oder Differentialrelationen entdecken.*)

Die doppelte Periodicität der Functionen P, Q, etc.; die vierfache der Functionen $\dfrac{P}{Q}$, $\dfrac{P'}{Q'}$, etc.

So wie wir nun vorher gesehen haben, dass die Function $e^{ru^2+r'u'^2}P'''$ die beiden Perioden $2K$, $2L$ (mit den entsprechenden $2K'$, $2L'$) besitzt, so ist auch sofort klar, dass die Functionen $e^{ru^2+r'u'^2}Q'''$, $e^{ru^2+r'u'^2}R'''$, $e^{ru^2+r'u'^2}S'''$ dieselben Perioden haben. Die andern allerdings, deren Glieder abwechselnde Zeichen haben, ändern theilweise ihre Vorzeichen, wie die Tabelle weiter unten zeigt. Beispielsweise geht die Function $e^{ru^2+r'u'^2}iQ$ für $u+2K$, $u'+2K'$ anstatt u,u' über in die folgende

$$e^{r(u+2K)^2+\cdots}iQ(u+2K) = S(-1)^{a+b}e^{r(u+(2a+3)K+2bL)^2+\cdots}$$

oder wenn man, was nichts ändert, $a-1$ für a setzt, in

$$e^{r(u+2K)^2+\cdots}iQ(u+2K) = S(-1)^{a+b+1}e^{r(u+(2a+1)K+2bL)^2+\cdots}$$
$$= -e^{ru^2+\cdots}iQ.$$

Fügt man die Periode abermals hinzu, so ändert sich das Vorzeichen wiederum und unsere Function geht in den ursprünglichen Zustand zurück, sodass

$$e^{r(u+4K)^2+\cdots}Q(u+4K) = e^{ru^2+r'u'^2}Q.$$

Daher ändern sich die Functionen $e^{ru^2+r'u'^2}P$, etc. bei Verwandlung von u, u' in $u+4K$, $u'+4K'$ oder in $u+4L$, $u'+4L'$ nicht. Dies ist das erste Resultat.

Gleichwohl haben auch die Functionen P, Q, etc. selbst eigene, von jenen verschiedene Perioden. Dividirt man nämlich die Gleichungen (4.) beiderseits durch $e^{ru^2+r'u'^2}$, so werden die Exponenten der einzelnen Glieder lineare Ausdrücke in u und u'. [281] Es wird z. B.

---

* Kaum scheint es nöthig, die Erfahrenen daran zu erinnern, dass man auf ebendieselbe Weise Functionen von drei oder mehr Argumenten betrachten kann; diese führen auf die Theorie der höheren Transcendenten.

$$S = S(-1^{a-b} e^{2(2a+1)(rKu+r'K'u')+2(2b+1)(rLu+r'L'u')+r(2a+1)K+(2b+1)L)^2+r'((2a+1)K'+(2b+1)L')^2}.$$

Daher werden leicht zwei Perioden $4A$ und $4B$ (mit den entsprechenden $4A'$ und $4B'$) gefunden, durch deren Einführung jedes Glied in sich selbst übergeht. Es wird nämlich sein müssen:

5. $\begin{cases} 4rAK + 4r'A'K' = \pi i, & 4rAL + 4r'A'L' = 0 \\ 4rBK + 4r'B'K' = 0, & 4rBL + 4r'B'L' = -\pi i, \end{cases}$

woraus folgt

6.) $\begin{cases} A = \dfrac{\pi L'i}{4r(KL'-K'L)}, & A' = -\dfrac{\pi Li}{4r'\,KL'-K'L}, \\ B = \dfrac{\pi K'i}{4r\,KL'-K'L}, & B' = -\dfrac{\pi Ki}{4r'(KL'-K'L)}. \end{cases}$

Zwischen den Vierteln A, B, K, L etc. bestehen also die folgenden Beziehungen:

$$AK' = BL', \quad A'K = B'L.$$

Die Functionen P, Q etc. ändern sich also nicht, wenn man gleichzeitig u und u' in $u+4A$ und $u'+4A'$ oder in $u+4B$ und $u'+4B'$ ändert. Und dies ist das zweite Resultat.*)

Die Quotienten $\dfrac{P}{Q}$ etc. haben offenbar die Perioden $4A$ und $4B$, die den einzelnen Functionen P, Q etc. zukommen. Aber es ist $\dfrac{P}{Q} = \dfrac{e^{ru^2+r'u'^2}P}{e^{ru^2+r'u'^2}Q}$ und ähnlich weiter. Daher hat der Quotient $\dfrac{P}{Q}$ auch dieselben Perioden, die den einzelnen Functionen $e^{ru^2+r'u'^2}P$, $e^{ru^2+r'u'^2}Q$ etc. zukommen, d. h. $4K$ und $4L$.

Die Quotienten also irgend zweier Functionen P, Q etc. sind vierfach periodisch; sie ändern sich nicht, wenn man gleichzeitig u, u' in $u+4A, u'+4A'$

---

*) Scheinbar kann man noch eine dritte Periode finden $4b$ und $4b'$, wenn man setzt
$$4rbK + 4r'b'K' = \mu \pi i, \quad 4rbL + 4r'b'L' = r\pi i$$
bei ganzzahligen μ und r. Man findet aber $4b = 4\mu A - 4rB$, $4b' = 4\mu A' - 4rB'$; diese Periode ist demnach aus $4A$ und $4B$ zusammengesetzt, mithin von ihnen nicht verschieden.

Entwurf einer Theorie der Abel'schen Transcendenten. 9

oder in $u + 4B$, $u' + 4B'$ oder in $u + 4K$, $u' + 4K'$ oder in $u + 4L$, $u' + 4L'$ ändert. Und dies ist das dritte Resultat.

Obwohl nun im Allgemeinen die Argumente um ganze Perioden $4A$ oder $4B$ oder etc. fortschreiten müssen, damit P, Q etc. oder $e^{ru^2 + r'u'^2}P$ etc. dieselben Werthe annehmen, so giebt es doch einige, die schon nach halben Perioden in sich zurückkehren, wie das folgende Beispiel zeigt. In der That giebt der blosse Anblick der Tafel die Veränderungen, die jene bei Wachsthum der Argumente um halbe Perioden erleiden.

7.) 282)

	$2A$	$2B$	$2A+2B$	$2K$	$2L$	$2K+2L$
P	+	+	+	−	−	−
P'	+	+	+	−	−	−
P''	+	+	+	−	+	−
P'''	+	+		+	+	+
Q	−	+	−			+
Q'	−	+	−		−	
Q''	−	+	−	−	−	−
Q'''	−	+	−	+	+	+
R	+	−	−	−	−	+
R'	+	−	−	+	−	
R''	+	−			+	
R'''	+	−		+	+	+
S	−	−	+	−	−	+
S'	−	−	+	+	−	
S''	−	−	+	−	+	−
S'''	−	−	+	+	−	+

Daraus entnimmt man z. B. leicht, dass $Q(u + 2B) = Q$, $Q(u + 2A + 2B) = -Q$. Noch zu beachten ist, dass die unter $2K$, $2L$, $2K + 2L$ notirten Vorzeichen sich nicht auf die Functionen P, Q etc. selbst, sondern auf $e^{ru^2 + r'u'^2}P$ etc. beziehen. Man findet daher z. B. nicht $Q(u + 2L) = -Q(u)$, sondern

$$e^{r(u+2L)^2 + r'(u+2L')^2} Q(u+2L) = -e^{ru^2 + r'u'^2}Q(u)$$

oder auch

$$e^{4rLu + 4rL^2 + \cdots} Q(u + 2L) = -Q(u).$$

Zusammenhang der 16 Functionen P, Q etc. in Bezug auf die Argumente.

Die Functionen $e^{ru^2+r'u'^2}P'''$, $e^{ru^2+r'u'^2}Q'''$, $e^{ru^2+r'u'^2}R'''$, $e^{ru^2+r'u'^2}S'''$ haben wir derart aus einander abgeleitet, dass wir die Argumente u, u' um Periodenviertel K, L, $K+L$ mit den entsprechenden K', L', $K'+L'$ vermehrt haben, wie ein Rückblick auf die Gleichungen (4.) zeigt. Dasselbe gilt von jenen Quaternen von Functionen, die mit zwei Strichen, mit einem oder keinem bezeichnet sind. Ueberhaupt lassen sich auf ähnliche Weise aus den Functionen P''', Q''', R''', S''' andere ableiten, wenn die Argumente um die Periodenviertel A, B und $A+B$ mit den entsprechenden) vermehrt werden. Macht man das aber, so gelangt man gerade zu jenen Functionen P, P', P''. Q etc., die wir oben definirt haben siehe Gleichungen 4.); daraus geht hervor, dass wir nicht ohne Grund solche Functionen eingeführt haben, [283] deren Glieder mit abwechselnden Vorzeichen behaftet sind. In der That, da beispielsweise

$$iQ = S(-1)^{a+b}e^{2(2a+1)(rKu+r'K'u')+4b(rLu+r'L'u')+a},$$

wo a eine hier unwesentliche Constante ist, so wird vermöge der Gleichungen (5.):

$$iQ(u+A) = iS(-1)^b e^{2(2a+1)(rKu+r'K'u')+4b(rLu+r'L'u')+a},$$
$$iQ(u+B) = S(-1)^a e^{2(2a+1)(rKu+r'K'u')+4b(rLu+r'L'u')+a},$$

also nach unserer Bezeichnung

$$Q(u+A) = Q', \qquad Q(u+B) = Q''.$$

Folgende Tafel führt die Aenderungen vor Augen, welche die Functionen nach Viertelperioden erleiden:

	A	B	$A+B$	K	L	$K+L$
P	P'	P''	P'''	iQ	iR	S
Q	Q'	Q''	Q'''	iP	$-iS$	$-R$
R	R'	$-R''$	$-R'''$	$-iS$	iP	$-Q$
S	$-S'$	S''	S'''	$-iR$	$-iQ$	P
P'	P	P'''	P''	Q'	iR'	iS'
Q'	Q	Q'''	Q''	P	iS'	iR'
R'	R	$-R'''$	$-R''$	S'	iP'	iQ'
S'	S	S'''	S''	R'	iQ'	iP'

(8.)

Entwurf einer Theorie der Abel'schen Transcendenten.   11

$$
(8.)\quad\begin{array}{|cccccccc|}
& A & B & A+B & K & L & K+L \\
& P'' & P''' & P & P' & iQ'' & R'' & iS'' \\
& Q'' & Q''' & Q & Q' & iP'' & S''' & iR'' \\
& R'' & R''' & R & R' & iS'' & P'' & iQ'' \\
& S'' & S''' & -S & S' & iR'' & Q'' & iP'' \\
& P''' & P'' & P' & P & Q''' & R''' & S''' \\
& Q''' & -Q'' & Q' & Q & P''' & S''' & R''' \\
& R''' & R'' & R' & R & S''' & P''' & Q''' \\
& S''' & -S'' & S' & S & R''' & Q''' & P''' \\
\end{array}
$$

Bei den mit K, L, $K+L$ überschriebenen Colonnen ist dasselbe wie oben zu erinnern. Die Tabellen 7.) und 8.) werden im Folgenden sehr häufig gebraucht werden, da ja mit ihrer Hülfe aus einer zwischen den Grössen P, Q etc. gegebenen Gleichung 15 andere abgeleitet werden, die daraus durch Vermehrung der Argumente hervorgehen. Im Uebrigen liegt auf der Hand, wie man die Tabelle 7. aus (5.) ableiten kann.

Die Werthe der Argumente, für welche die 16 Functionen P, Q etc. verschwinden.

Unter den Functionen P, Q etc. sind 10 in Bezug auf die simultanen Variabeln u, u' gerader Ordnung; nämlich P, P', P'', P'''; Q', Q'''; R'', R'''; S, S''''; die 6 übrigen von ungerader, nämlich Q, Q''; R, R'; S', S''. Wir nennen dabei nach Analogie der algebraischen Functionen diejenigen von gerader Ordnung, die bei Aenderung von u, u' in $-u$, $-u'$ sich nicht ändern; von ungerader aber die, die das Vorzeichen wechseln. Jene 10 lassen sich daher in Reihen dieser Art

$$\alpha + (\beta u^2 + \beta_1 uu' + \beta_2 u'^2) + (\gamma u^4 + \gamma_1 u^3 u' + \gamma_2 u^2 u'^2 + \gamma_3 uu'^3 + \gamma_4 u'^4) + \cdots$$

entwickeln; die übrigen 6 in die folgenden:

$$(\alpha u + \alpha_1 u') + (\beta u^3 + \beta_1 u^2 u' + \beta_2 uu'^2 + \beta_3 u'^3) + \cdots$$

[284] Das aber lässt sich aus der Form der Ausdrücke (1.) selbst sehen. Denn es wird beispielsweise

$$e^{ru^2 + r'u'^2} iQ(-u, -u') = S(-1)^{a+b} e^{r'u - (2a+1)K - 2bL \div \cdots};$$

setzt man hier $-a-1$ und $-b$ für a und b, was man ohne Werthänderung darf, so kommt:

$$e^{...} iQ(-u, -u') = S - 1^{a+b} \cdot e^{-(2a-1)K+2b...} \cdot ;$$

also ist $Q(-u, -u') = -Q(u, u')$. Aehnlich wird es mit der Function Q'''. Die beiden andern aber Q', Q'' bleiben, da den einzelnen Gliedern das Zeichen $-1)^a$ nicht vorgesetzt ist, ungeändert.

Daher erkennt man, dass jene 6 Functionen ungerader Ordnung für $u = 0$, $u' = 0$ verschwinden; denn je 2 Glieder heben sich auf. Da man aber mit Hülfe der Tafel (8.) jede beliebige dieser Functionen in die 5 andern verwandeln kann, so muss sie nothwendigerweise noch für 5 andere Werthe verschwinden. Da wir aus Tafel (8.) haben

$$R'(u + A + B) = -R''(u),$$
$$e^{\pi i(u - K - ...)}R''u - K + L = e^{\pi i u^2 + ...}iQ''(u).$$

so wird wegen $Q''(0) = 0$ auch

$R''(K+L) = 0$ und ebenso $R'(A+B+K+L) = 0$.

Daraus entspringt eine Tabelle, welche die Werthe darbietet, für die die 16 Functionen P, Q etc. verschwinden.

(9.)

Q	Q''	R	R'
0	0	0	0
B	B	A	A
$A+L$	L	$A+K$	K
$K+L$	$A+B+L$	$B+K$	$A+B+K$
$B+L$	$B+K+L$	$K+L$	$A+L+K$
$A+K+L$	$A+B+K+L$	$B+K+L$	$A+B+L+K$

S'	S''	P	P'
0	0	K	L
K	L	L	$A+K$
$A+K$	$A+B$	$A+L$	$A+L$
$A+L$	$B+K$	$B+K$	$K+L$
$A+B$	$B+L$	$A+K+L$	$A+B+K$
$A+B+L$	$A+B+K$	$B+K+L$	$A+B+K+L$

Entwurf einer Theorie der Abel'schen Transcendenten. 13

(9.)

	P''	P'''	Q'	Q'''
	K	$A+K$	A	A
	$B-K$	$B-L$	L	$A+B$
	$B+L$	$A-B-K$	$A+B$	$A+L$
	$K+L$	$A-B-L$	$K+L$	$B+L$
	$A+B+L$	$A+K+L$	$A+B-L$	$B+K+L$
	$A+B+K+L$	$B-K+L$	$A+K+L$	$A+B+K+L$

	R''	R'''	S	S'''
	B	B	A	A
	K	$A+B$	B	B
	$A-B$	$A+K$	K	$A+L$
	$K+L$	$B-K$	L	$B+K$
	$A+B+K$	$A+K+L$	$A+B$	$A+B+K$
	$B+K+L$	$A+B+K+L$	$K+L$	$A+B+L$

Zu erinnern aber ist erstens, dass dem andern Argumente die entsprechenden Werthe 0, B', $A'+L'$ und so ferner zu ertheilen sind; zweitens, dass unsere Functionen der Periodicität wegen auch für andere und unendlich viele Werthe verschwinden; **285**, für die nämlich, die aus jenen durch Hinzufügung der Periodenhälften $2A$, $2B$, $2K$ und $2L$ entstehen. Diese Ueberlegung war auch bei Herstellung jener Tabelle nützlich. Wenn nämlich die 6 Werthe der Argumente, die Q selbst gleich Null machen, gefunden sind, so muss man wegen $Q''(u+B) = Q(u)$ zu den einzelnen Werthen das Periodenviertel B addiren, um die Werthe, für die Q'' verschwindet, zu erhalten. So bekommt man B, $2B$, $A+B+L$, $B+K+L$, $2B+L$, $A+B+K+L$, oder einfacher B, 0, $A+B+L$, $B+K+L$, L, $A+B+K+L$, die in der Tafel zu sehen sind. Und so fort.

Man bemerkt, dass in den Gleichungen (4.) die Functionszeichen Q, Q'' etc., mit einem Worte die für $u=0$, $u'=0$ verschwinden mit dem imaginären Factor i behaftet sind. Diese an sich willkürliche Festsetzung wurde getroffen, um so viel wie möglich die Analogie mit den elliptischen Functionen zu bewahren. Betrachtet man nämlich die Periodenviertel K, L, wie in jener Theorie gebräuchlich, in imaginärer Gestalt Ki, Li, so bieten sich unsere 16 Functionen in reeller Gestalt dar, wofür folgende Beispiele angeführt seien:

$$P(u, u') \quad S\{-1\}^{a+b}q^{a^2}q_1^{2ab}q_2^{b^2} \cos(2ax + 2bx'),$$
$$Q(u, u') = S\{-1\}^{a+b}q^{(a+\tfrac{1}{2})^2}q_1^{(2a+1)b}q_2^{b^2} \sin((2a+1)x+2bx'),$$

wenn man setzt:

$$2rKu + 2r'K'u' = x, \quad 2rLu + 2r'L'u' = x',$$
$$e^{-4rK^2-4r'K'^2} = q, \quad e^{-4rKL-4r'K'L'} = q_1, \quad e^{-4rL^2-4r'L'^2} = q_2.$$

Algebraische Relationen zwischen den Functionen P, Q etc.

Es seien die Quadrate der Functionen P, Q etc. zu entwickeln. Dann wird man finden, dass sich jedes einzelne Quadrat durch 4 neue Reihen ausdrücken lässt. Zwischen je 5 Quadraten ist dadurch eine lineare Beziehung gegeben. Die Rechnung aber gestaltet sich folgendermaassen.

Es sei gesetzt

(10.) $\quad e^{ru^2+r'u'^2} X = S(-1)^{pa+qb} e^{r(u+(2a+u)K-2b+v)L)^2+\ldots},$

eine Form, die alle in (1.) aufgeführten umfasst; indem man nämlich den Buchstaben p, q, u, v der Reihe nach jede Combination der Werthe 0 und 1 zuertheilt, entstehen jene 16 Gleichungen. Sei ferner gesetzt, was dasselbe ist,

$$e^{ru^2+r'u'^2} X = S(-1)^{pa_1+qb_1} e^{r(u+(2a_1+u)K+(2b_1+v)L)^2+\ldots}$$

und es werde nun multiplicirt. Dies geschieht durch Multiplication der beiden allgemeinen Glieder und man erhält, wenn man noch setzt:

(11.) $\quad \begin{cases} a+a_1 = \varepsilon, & b+b_1 = \vartheta, \\ a-a_1 = \varepsilon_1, & b-b_1 = \vartheta_1, \end{cases}$

und die Formel

$$x^2 + y^2 = \tfrac{1}{2}(x-y)^2 + \tfrac{1}{2}(x+y)^2$$

beachtet.

12. $\quad e^{2ru^2+2r'u'^2} X^2$
$= S(-1)^{p\varepsilon+q\vartheta} e^{2r_1K+2r_1L^2+\ldots} e^{2r(u-\varepsilon+uK+(v+v)L)+\ldots}$

Den Buchstaben ε, ϑ, ε_1, ϑ_1 hat man nacheinander die einzelnen Zahlenwerthe beizulegen, jedoch mit der Beschränkung, dass, wie die Gleichungen (11.) fordern, ε und ε_1, sowie ϑ und ϑ_1 zugleich gerade oder ungerade Werthe erlangen. Daraus folgt, dass die Glieder der Reihe (12.) in 4 Gattungen zerfallen, je nachdem man

gerade Werthe von ε mit geraden von ϑ combinirt,
oder ungerade » » » geraden » » »
oder gerade » » » » ungeraden » » »
oder ungerade » » » » ungeraden » » »

Offenbar aber lässt sich die Summe aller zu einer Gattung gehörigen Glieder unter der Form eines Productes zweier Reihen folgendermaassen darstellen:

$$(13.) \quad Se^{2r(\varepsilon_1 K + \vartheta_1 L)^2 + \ldots} \times Se^{2r'(\varepsilon + u)K + (\vartheta + v)L)^2 + \ldots};$$

denn der Factor $(-1)^{p\varepsilon + q\vartheta}$ bleibt für die Glieder derselben Gattung der gleiche.

Es zerfällt daher die Reihe (12.) in 4 Summanden, nämlich

$$(14.) \quad e^{2ru^2 + 2r'u'^2} X^2$$
$$= a_{00} + (-1)^p a_{10} + (-1)^q a_{01} + (-1)^{p+q} a_{11},$$

wobei a_{00} den Werth von 13.) für gerade Werthe von ε und ϑ bezeichnet, a_{10} den Werth desselben Ausdruckes für ungerades ε und gerades ϑ, und so fort.

Jetzt gelangen wir zu den speciellen Werthen von p, q, u, v. Setzen wir zur Abkürzung

$$(15.) \begin{cases} e^{2ru^2 + 2r'u'^2} T = Se^{2r(u + 2\varepsilon K + 2\vartheta L)^2 + \ldots}, \\ e^{2ru^2 + 2r'u'^2} U = Se^{2r(u + (2\varepsilon + 1)K + 2\vartheta L)^2 + \ldots}, \\ e^{2ru^2 + 2r'u'^2} V = Se^{2r(u + 2\varepsilon K + (2\vartheta + 1)L)^2 + \ldots}, \\ e^{2ru^2 + 2r'u'^2} W = Se^{2r(u + (2\varepsilon + 1)K + (2\vartheta + 1)L)^2 + \ldots}, \end{cases}$$

sowie insbesondere[3]) für $u = 0$, $u' = 0$

$$(16.) \begin{cases} t = Se^{2r(2\varepsilon K + 2\vartheta L)^2 + \ldots}, \\ u = Se^{2r((2\varepsilon + 1)K + 2\vartheta L)^2 + \ldots}, \\ v = Se^{2r(2\varepsilon K + (2\vartheta + 1)L)^2 + \ldots}, \\ w = Se^{2r((2\varepsilon + 1)K + (2\vartheta + 1)L)^2 + \ldots}, \end{cases}$$

so finden wir die folgenden Gleichungen*):

---

*) Die Kenner werden leicht vorhersehen, dass diese Gleichungen zur Transformation zweiter Ordnung unserer Functionen gehören. Denn wollen wir in unsere Bezeichnungen $P\,u, u'$) etc. die Grösse r einführen, so dass wir schreiben $P\,u, u'; r$), dann stellen jene Functionen T, U, V, W die Ausdrücke $P'''(u, u'; 2r)$, $Q'''(u, u'; 2r)$ etc. dar. Darüber weiter unten.

16 A. Göpel.

[287]

17.)
$$P^2 = tT - uU - vV + wW,$$
$$P'^2 = tT + uU - vV - wW,$$
$$P''^2 = tT - uU + vV - wW,$$
$$P'''^2 = tT + uU + vV + wW,$$

$$Q^2 = uT - tU - wV + vW,$$
$$Q'^2 = uT + tU - wV - vW,$$
$$Q''^2 = uT - tU + wV - vW,$$
$$Q'''^2 = uT + tU + wV + vW,$$

$$R^2 = vT - wU - tV + uW,$$
$$R'^2 = vT + wU - tV - uW,$$
$$R''^2 = vT - wU + tV - uW,$$
$$R'''^2 = vT + wU + tV + uW,$$

$$S^2 = wT - vU - uV + tW,$$
$$S'^2 = wT + vU - uV - tW,$$
$$S''^2 = wT - vU + uV - tW,$$
$$S'''^2 = wT + vU + uV + tW.$$

Wählt man daher irgend 4 der Quadrate P^2, Q^2 etc. aus, so können die Functionen T, U, V, W, also auch die übrigen 12 Quadrate, linear durch jene ausgedrückt werden. Die Coefficienten dieser Relationen werden von den constanten Werthen t, u, v, w abhängen. Es ist ja vortheilhafter, die besonderen Werthe der P, Q, R etc. selbst einzuführen, als fremde Constante. Daher muss man Relationen zwischen t, u, v, w und denjenigen Werthen aufsuchen, die die Functionen P, Q, R etc. für $u = 0$, $u' = 0$ annehmen, und die wir durch die entsprechenden kleinen griechischen Buchstaben bezeichnen. Wir setzen dazu in den Gleichungen 17.) $u = 0$, $u' = 0$.

Daraus folgt

(18.)
$$\varpi^2 = t^2 - u^2 - v^2 + w^2,$$
$$\varpi'^2 = t^2 + u^2 - v^2 - w^2,$$
$$\varpi''^2 = t^2 - u^2 + v^2 - w^2,$$
$$\varpi'''^2 = t^2 + u^2 + v^2 + w^2,$$

Entwurf einer Theorie der Abel'schen Transcendenten.

19.) $\begin{cases} z'^2 = 2tu - 2rw, & z'''^2 = 2tu + 2rw, \\ \varrho''^2 = 2tr - 2uw, & \varrho'''^2 = 2tr + 2uw, \\ \sigma^2 = 2tw - 2ur, & \sigma''^2 = 2tw + 2uv. \end{cases}$

Die Werthe z, z'', ϱ, ϱ', σ', σ'' verschwinden, wie aus dem Früheren zu ersehen ist. Aus 18. und (19.) leiten sich die folgenden Gleichungen ab:

20.) $\begin{cases} \varpi^2 + \varpi'^2 + \varpi''^2 + \varpi'''^2 = 4t^2, \\ -\varpi^2 + \varpi'^2 - \varpi''^2 + \varpi'''^2 = 4u^2, \\ -\varpi^2 - \varpi'^2 + \varpi''^2 + \varpi'''^2 = 4v^2, \\ \varpi^2 - \varpi'^2 - \varpi''^2 + \varpi'''^2 = 4w^2, \end{cases}$

21. $\begin{cases} z'''^2 + z'^2 = 4tu, & z'''^2 - z'^2 = 4rw, \\ \varrho'''^2 + \varrho''^2 = 4tv, & \varrho'''^2 - \varrho''^2 = 4uw, \\ \sigma'''^2 - \sigma^2 = 4tw, & \sigma'''^2 - \sigma^2 = 4uv. \end{cases}$

288 Eliminirt man hieraus t, u, v, w, so bleiben 6 Gleichungen zwischen den Constanten ϖ, ϖ' etc., von denen daher 6 durch die übrigen 4 unter sich unabhängigen ausgedrückt werden können. Indessen genüge es an dieser Stelle die wichtigeren dieser Relationen anzufügen, die später gebraucht werden.

Aus den Gleichungen 21. findet man

(22.) $z'''^4 - z'^4 = \varrho'''^4 - \varrho'^4 = \sigma'''^4 - \sigma^4 = 16tuvw$.

Aus den Gleichungen (18. und 19.) kommt

$\varpi^2 + \sigma^2 = t - w^2 - u + v^2$, $\varpi^2 - \sigma^2 = (t-w)^2 - u - v^2$,

also

(23.) $\begin{cases} \varpi^4 - \sigma^4 = \varpi'^4 - z'^4 = \varpi'''^4 - \varrho'''^4 \\ = t + u + v + w (t + u - v - w)(t - u + v - w) \\ \hspace{4cm} (t - u - v + w). \end{cases}$

Aehnlich findet man

$\varpi'''^4 - \varpi'^4 = z'''^4 - \varrho''^4 = z'^4 + \varrho'''^4 (= 4(t^2 + w^2)(u^2 + v^2))$,

und indem man hierauf die Gleichungen (22.) und (23.) anwendet

(24.) $\begin{cases} \varpi'''^4 - \varpi'^4 = \varrho'''^4 + \sigma^4 = \varrho'^4 + \sigma'''^4, \\ \varpi'''^4 - \varpi^4 = \sigma'''^4 + z'^4 = \sigma^4 + z'''^4. \end{cases}$

Ferner ist $\varpi^2\varpi'''^2 - \varpi'^2\varpi''^2 = 4t^2r^2 - 4u^2r^2$; hiernach ähnlich

$$(25.) \begin{cases} \varpi^2\varpi'''^2 - \varpi'^2\varpi''^2 = \sigma^2\sigma'''^2, \\ \varpi'^2\varpi'''^2 - \varpi^2\varpi''^2 = \chi'^2\chi''^2, \\ \varpi''^2\varpi'''^2 - \varpi^2\varpi'^2 = \varrho''^2\varrho'''^2, \end{cases}$$

$$(26.) \begin{cases} \varpi^2\chi'''^2 - \varpi''^2\chi'^2 = \varrho'''^2\sigma^2, \\ \varpi'^2\chi'''^2 - \varpi'''^2\chi'^2 = \varrho''^2\sigma^2, \\ \varpi''^2\chi'''^2 - \varpi^2\chi'^2 = \varrho'^2\sigma''^2, \\ \varpi'''^2\chi'''^2 - \varpi'^2\chi'^2 = \varrho''^2\sigma'''^2; \end{cases}$$

$$(27.) \begin{cases} \varpi^2\varrho'''^2 - \varpi'^2\varrho''^2 = \chi'''^2\sigma^2, \\ \varpi'^2\varrho'''^2 - \varpi^2\varrho''^2 = \chi'^2\sigma'''^2, \\ \varpi''^2\varrho'''^2 - \varpi'''^2\varrho''^2 = \chi'^2\sigma^2, \\ \varpi'''^2\varrho'''^2 - \varpi''^2\varrho''^2 = \chi''^2\sigma'''^2, \end{cases}$$

$$(28.^*) \begin{cases} \varpi^2\sigma'''^2 - \varpi'''^2\sigma^2 = \chi'^2\varrho''^2, \\ \varpi'^2\sigma'''^2 - \varpi''^2\sigma^2 = \chi'^2\varrho'''^2, \\ \varpi''^2\sigma'''^2 - \varpi'^2\sigma^2 = \chi''^2\varrho''^2, \\ \varpi'''^2\sigma'''^2 - \varpi^2\sigma^2 = \chi'''^2\varrho'''^2. \end{cases}$$

[289] Mit Hülfe der Gleichungen (20.) und (21.) können die Grössen t, u, r, w aus den Gleichungen (17.) eliminirt werden; eliminirt man sodann T, U, V, W selbst aus je 5 der Gleichungen, so findet man eine Beziehung, deren Coefficienten sich durch die Constanten ϖ, ϖ', ... ausdrücken. Diese Methode aber erfordert gar zu beschwerliche Rechnungen. Haben wir aber einmal die Form der gesuchten Gleichungen erkannt, z. B.

$$P^2 = aP'^2 + bS'^2 + cP''^2 + dS''^2,$$

so lässt sich die Sache mit viel leichterer Mühe durch Betrachtung von speciellen Werthen der Grössen u, u' erledigen.

*) Die Gleichungen (22. bis 28. sind im Hinblick auf die durch ϖ, χ, ϱ bezeichneten doppelt unendlichen Reihen nicht weniger bemerkenswerth, als jene eine, die in der Theorie der elliptischen Functionen statt hat, nämlich:

$$(1 - 2q + 2q^4 - 2q^9 + \ldots)^4 + (2q^{\frac{1}{4}} + 2q^{\frac{9}{4}} + 2q^{\frac{25}{4}} + \ldots)^4$$
$$= (1 + 2q + 2q^4 + 2q^9 + \ldots)^4.$$

Vergl. *Jacobi*, Theorie funct. ellipt. p. 184.

Setzt man nämlich $u = 0$, $u' = 0$; oder $u = K$, $u' = K'$ oder dergl., so erhält man vermöge der Tabelle S.) alsbald eine hinreichende Zahl von Gleichungen, aus denen die Bestimmung der Coefficienten a, b, c, d möglich ist. Es wird nämlich:

$$\text{für } u = K, \qquad u' = K'\,{}^{*)};$$
$$\text{für } u = A + L, \qquad u' = A' + L';$$
$$\text{für } u = B + K, \qquad u' = B' + K';$$
$$\text{für } u = 0, \qquad u' = 0;$$
$$\text{für } u = A, \qquad u' = A';$$

$$0 = a z'^2 - d \varrho''^2,$$
$$0 = c \varrho'''^2 + d z'''^2,$$
$$0 = a z'''^2 + b \varrho''^2,$$
$$\varpi^2 = a \varpi'^2 + c \varpi''^2,$$
$$\varpi'^2 = a \varpi^2 + b \sigma^2 + c \varpi'''^2 + d \sigma'''^2.$$

Aus den drei ersten schliesst man sofort, dass $a = e \varrho''^2 \varrho'''^2$, $b = -e \varrho'''^2 z''^2$, $c = -e z'^2 z'''^2$, $d = e z'^2 \varrho''^2$; durch Einsetzen dieser Werthe wird die vierte Gleichung

$$\varpi^2 = e (\varpi'^2 \varrho''^2 \varrho'''^2 - \varpi''^2 z'^2 z'''^2).$$

oder wegen Gleichungen 25.:

$$\varpi^2 = e(\varpi'^2 \varpi''^2 \varpi'''^2 - \varpi^2 \varpi'^2 - \varpi''^2 (\varpi'^2 \varpi'''^2 - \varpi''^2 \varpi^2)$$
$$= -e \varpi^2 (\varpi'^4 - \varpi''^4).$$

woraus $e = -\dfrac{1}{\varpi'^4 - \varpi''^4}$. Will man aber die Werthe von a, b, c, d lieber in die fünfte Gleichung substituiren, so erhält man

$$\varpi'^2 = e(\varpi^2 \varrho''^2 \varrho'''^2 - \sigma^2 \varrho''^2 z'^2 - \varpi'''^2 z'^2 z''^2 + \sigma''^2 z'^2 \varrho'''^2),$$

oder

$$\varpi'^2 = e(\varrho''^2 (\varpi^2 \varrho'''^2 - z''^2 \sigma^2) - z'^2 (\varpi'''^2 z''^2 - \varrho'''^2 \sigma''^2)),$$

was wegen der ersten Gleichung von (27. und der letzten von 26.) übergeht in

---

*) Ist eine homogene Gleichung m^{ten} Grades zwischen P, Q etc. gegeben, so darf man die Periodenviertel K, L, $K + L$ anwenden. Dies wird klar, wenn man die Gleichung mit $e^{mr u^2 + mr' u'^2}$ multiplicirt.

$$\varpi'^2 = c(\varpi'^2\varrho'''^4 - \varpi'^2 z'^4) = c\varpi'^2(\varrho'''^4 - z'^4),$$

290 dies aber wird wegen (23.)

$$1 = -c(\varpi'^4 - \varpi'''^4),$$

woraus $c = -\dfrac{1}{\varpi'^4 - \varpi'''^4}$ folgt, wie oben. Also drückt sich die Function P^2 folgendermaassen aus:

(29.) $\quad \varpi'^4 - \varpi'''^4 \, P^2$
$$= -\varrho''^2\varrho'''^2 P'^2 + \varrho''^2 z'''^2 S'^2 + z'^2 z'''^2 P''^2 - z'^2 \varrho'''^2 S''^2$$

Setzt man hier der Reihe nach $u + K + L$, $u + A + B$, $u + A + B + K + L$ für u, so leiten sich mit Hülfe der Tabelle S. die folgenden Gleichungen ab:

(30.) $\begin{cases} (\varpi'^4 - \varpi'''^4) S^2 \\ = -\varrho''^2 z'''^2 P'^2 + \varrho''^2 \varrho'''^2 S'^2 + z'^2 \varrho'''^2 P''^2 - z'^2 z'''^2 S''^2, \\ (\varpi'^4 - \varpi'''^4) P'''^2 \\ = z'^2 z'''^2 P'^2 - z'^2 \varrho'''^2 S'^2 - \varrho''^2 \varrho'''^2 P''^2 + \varrho''^2 z'''^2 S''^2, \\ (\varpi'^4 - \varpi'''^4) S'''^2 \\ = z'^2 \varrho'''^2 P'^2 - z'^2 z'''^2 S'^2 - \varrho''^2 z'''^2 P''^2 + \varrho''^2 \varrho'''^2 S''^2. \end{cases}$

Auf ähnliche Weise erhält man die ähnlichen Gleichungen:

(31.) $\begin{cases} \varpi'^4 - \varpi'''^4 \, Q'^2 \\ = \varpi'^2 z'^2 P'^2 - \varpi''^2 \varrho'''^2 S'^2 - \varpi''^2 z'^2 P''^2 + \varpi'^2 \varrho'''^2 S''^2, \\ (\varpi'^4 - \varpi'''^4) R'^2 \\ = -\varpi''^2 \varrho'''^2 P'^2 + \varpi'^2 z'^2 S'^2 + \varpi'^2 \varrho'''^2 P''^2 - \varpi''^2 z'^2 S''^2, \end{cases}$

u. s. w.

Da nun so die Functionen P, Q etc. algebraisch auf beliebige 4 (hier P', S', P'', S'') reducirt sind, bleibt es noch übrig zwischen diesen Relationen aufzufinden, von denen offenbar keine zwischen den Quadraten P'^2, S'^2, P''^2, S''^2 statt haben kann; dann nämlich hätte sich irgend einer der Coefficienten a, b, c, d, die wir soeben bestimmt haben, als unbestimmt herausstellen müssen. Man muss daher die Producte je zweier PQ, PR etc. betrachten. Zu dem Ende kann man gleichfalls die allgemeinen Glieder multipliciren. Doch da sich vorhersehen lässt, dass man auf diese Weise zu linearen Beziehungen zwischen den Producten je zweier gelangt, so führen wir durch folgende Ueberlegung eine sehr einfache Rechnung durch.

Entwurf einer Theorie der Abel'schen Transcendenten.

Wenn eine Relation zwischen den Producten je zweier Functionen gegeben wird, z. B.

$$PS = aP'Q + A,$$

wo A die Summe der übrigen Glieder bezeichnet, so wird auch aus Tabelle (7.)

$$PS = -aP'Q + A,$$

also durch Addition $2PS = A + A$, woraus das Product $P'Q$ eliminirt ist. Daher kann die Relation, die PS selbst enthält, keine anderen Glieder enthalten, als solche, die bei Anwendung der Veränderungen der Tabelle 7.) ungeändert bleiben.[1]) Man findet folgende: $P'S'$, $P''S''$, $P'''S'''$, QR, $Q'R'$, $Q''R''$, $Q'''R'''$; daher wird man setzen können

$$aPS + bP'S' + cP''S'' + dP'''S''' + eQR + fQ'R' + gQ''R'' + hQ'''R''' = 0.$$

Diese Glieder jedoch zerfallen mit Hülfe der Tabelle (8.) in zwei Systeme. Vertauscht man nämlich u mit $u + K + L$, so vertauschen sich P und S und es kommt:

$$aPS - bP'S' - cP''S'' + dP'''S''' + eQR - fQ'R' - gQ''R'' + hQ'''R''' = 0;$$

darans folgert man durch Addition und Subtraction

$$aPS + dP'''S''' + eQR + hQ'''R''' = 0,$$
$$bP'S' + cP''S'' + fQ'R' + gQ''R'' = 0.$$

Und wenn allgemein irgend ein Product gegeben ist, um eines zu nennen RS'', so werden sich drei andere finden lassen, die mit jenem eine lineare Relation bilden.

Setzen wir also

$$aP'S' + bP''S'' + cQ'R' + dQ''R'' = 0.$$

Hieraus entwickelt man unter Benutzung der Tabelle (8.) die folgenden:

$$aPS + bP'''S''' - cQR + dQ'''R''' = 0,$$
$$aP'''S''' + bPS + cQ'''R''' - dQR = 0,$$
$$aQR + bQ''R'' - cPS + dP'''S''' = 0,$$
$$aQ'''R''' + bQR + cP''S''' - dPS = 0,$$

woraus für $u = 0$, $u' = 0$ folgt:

$$a\varpi\sigma + b\varpi'''\sigma''' + dz'''\varrho''' = 0,$$
$$a\varpi'''\sigma''' + b\varpi\sigma + cz'''\varrho''' = 0,$$
$$bz'''\varrho''' - c\varpi\sigma + d\varpi'''\sigma''' = 0,$$
$$az'''\varrho''' + c\varpi'''\sigma''' - d\varpi\sigma = 0.$$

Setzt man die Werthe a und b aus den letzten beiden Gleichungen in die beiden ersten ein, so kommt

$$dz'''^2\varrho'''^2 = d(\varpi'''^2\sigma'''^2 - \varpi^2\sigma^2),$$
$$cz'''^2\varrho'''^2 = c(\varpi'''^2\sigma'''^2 - \varpi^2\sigma^2),$$

was wegen (28.) identische Gleichungen sind, so dass c und d willkürlich bleiben. Setzt man daher 1) $c = 1$, $d = 0$; 2) $c = 0$, $d = 1$, so findet man folgende zwei Gleichungen:

$$(32.) \quad \begin{cases} z'''\varrho''' Q'R' = \varpi'''\sigma''' P'S' - \varpi\sigma P''S'', \\ z'''\varrho''' Q''R'' = -\varpi\sigma P'S' + \varpi'''\sigma''' P''S'''; \end{cases}$$

Jene Gleichungen verschaffen uns die gesuchte neue Relation zwischen den vier Grössen P', S', P'', S''. Denn da sich nach dem Früheren Q', R' selbst durch P', S', P'', S'' ausdrücken lassen, erhält man

$$z'''^2\varrho'''^2(Q'^2R'^2) = (\varpi'''\sigma''' P'S' - \varpi\sigma P''S'')^2,$$

oder aus den Formeln (31.)

$$z'''^2\varrho'''^2\,\varpi'^2 z'^2 P'^2 - \varpi''^2\varrho''^2 S'^2 - \varpi''^2 z'^2 P''^2 + \varpi'^2\varrho''^2 S''^2$$
$$\times\,-\varpi''^2\varrho''^2 P'^2 + \varpi'^2 z'^2 S'^2 + \varpi'^2\varrho''^2 P''^2 - \varpi''^2 z'^2 S''^2$$
$$= (\varpi'^4 - \varpi''^4)^2\,\varpi'''\sigma''' P'S' - \varpi\sigma P''S'')^2,$$

[292] woraus nach Entwickelung und unter Anwendung der Formeln (22.) bis (28.) wird [5])

$$(33.)\quad \left\{\begin{array}{l} P'^4 + S'^4 - \dfrac{z'''^4 + \varrho'''^4}{z'''^2\varrho'''^2} P'^2 S'^2 \\[4pt] -\dfrac{\varpi'^4 + \varpi''^4}{\varpi'^2\varpi''^2} P'^2 P''^2 + S'S''^2) \\[4pt] +\dfrac{z'^4 + \varrho''^4}{z'^2\varrho''^2} P'^2 S''^2 + P''^2 S'^2) \\[4pt] -\dfrac{2\varpi\sigma\varpi'''\sigma'''\,(\varpi'^4 - \varpi''^4)^2}{\varpi'^2\varpi''^2 z'^2\varrho''^2 z''^2\varrho'''^2} P'S'P''S'' \\[4pt] + P''^4 + S''^4 - \dfrac{z'''^4 + \varrho'''^4}{z''^2\varrho''^2} P''^2 S''^2 \end{array}\right\} = 0.$$

Die zweite der Gleichungen (31. scheint zu einer anderen Relation zwischen den Grössen P', S', P'', S'' zu führen, aber dies scheint nur. Denn man gelangt durch Elimination der Buchstaben Q'', R'' daraus zu genau derselben Gleichung (33.). Das aber kann man auch von vornherein zeigen. Offenbar wird die aus jener zweiten Gleichung hervorgehende Relation dieselbe Form haben, wie (33.), ja sie wird sich von ihr höchstens in den Coefficienten unterscheiden. Wenn aber das wirklich der Fall wäre, so könnte man aus beiden das Glied $P'S'P''S''$ eliminiren, wodurch eine Relation zweiten Grades zwischen den Quadraten P'^2, S'^2, P''^2, S''^2 entstände. Nach Einführung von T, U, V, W aus den Gleichungen (17.) ginge eine rationale Beziehung zweiten Grades zwischen T, U, V, W hervor. Diese aber unterscheiden sich von P''', Q''', R''', S''' nur, wie dort bemerkt, durch Verdoppelung von r. Aendert man demnach $2r$ in r, so würde eine Relation zweiten Grades zwischen P''', Q''', R''', S''' hervorgehen. Dass dies absurd ist, haben wir oben gesehen.

Etwa auf dieselbe Art zeigt man, dass die übrigen Relationen, welche zwischen den Producten je zweier Functionen bestehen wie $\varrho''\sigma'''RS' = \varpi'z'''PQ' - \varpi z'P''Q'''$, $\varrho''\sigma RS'' = \varpi'z'''P'''Q' - \varpi'''z'P'Q'''$ etc.), auf dieselbe Relation (33. hinführen.

Setzen wir hier noch folgende Formeln her, die man aus den schon bekannten ermitteln kann, sei es durch die Methode specieller Werthe, sei es auf viele andere Weisen:

$$(34.) \quad \left(\frac{\varpi'^4 - \varpi''^4}{z''^2 \varrho''^2}\right)\left(P'''^2 S'''^2 - P^2 S^2\right)$$

$$= \left\{P'^4 - \frac{z'''^4 + \varrho'''^4}{z''^2 \varrho''^2} P'^2 S'^2 + S'^4\right\}$$

$$- \left\{P''^4 - \frac{z'''^4 + \varrho'''^4}{z''^2 \varrho''^2} P''^2 S''^2 + S''^4\right\},$$

$$(35.) \quad P'''S''' + PS^2 = \frac{(\varpi'''\sigma''' + \varpi\sigma)^2}{\varpi'^2 \varpi''^2} \cdot P'^2 P''^2 + S'^2 S''^2$$

$$- \frac{z'''^2 \varrho'''^2}{z'^2 \varrho'^2} \cdot P'^2 S''^2 + P''^2 S'^2$$

$$+ 2\left(\frac{\varpi\sigma\varpi'''\sigma'''/z'^4 + \varrho'^4}{\varpi'^2 \varpi''^2 z'^2 \varrho''^2} - \frac{\varpi^2 \varpi''^2 + \sigma^2 \sigma''^2}{\varpi'^2 \varpi''^2}\right) P'P''S'S'',$$

36. $(P'''S''' - PS)^2 - \dfrac{(\overline{\omega}'''\overline{\sigma}''' - \overline{\omega}\overline{\sigma})^2}{\overline{\omega}'^2\overline{\omega}''^2} P'^2 P''^2 + S'^2 S''^2$

$\qquad - \dfrac{z'''^2 \varrho'''^2}{z'^2 \varrho''^2}(P'^2 S''^2 + P''^2 S'^2$

$\qquad + 2\left(\dfrac{\overline{\omega}\,\overline{\omega}\,\overline{\omega}'''\overline{\sigma}'''\,z'^1+\varrho''^4}{\overline{\omega}'^2\overline{\omega}''^2 z'^2 \varrho''^2} + \dfrac{\overline{\omega}^2\overline{\omega}'''^2+\overline{\sigma}^2\overline{\sigma}'''^2}{\overline{\omega}'^2\overline{\omega}''^2}\right) P'P''S'S''$.

293] Diesen fügen wir mehr der Besonderheit halber als der Nützlichkeit wegen noch an:

$P'''^2 S'''^2 - P^2 S^2 = Q'''^2 R'''^2 - Q^2 R^2,$
$P^2 S'''^2 - P'''^2 S^2 = Q'^2 R''^2 - Q''^2 R'^2,$
$P''^2 S'''^2 - P'^2 S^2 = Q'''^2 R''^2 - Q^2 R'^2,$
$P'^2 S'''^2 - P''^2 S^2 = Q'^2 R'''^2 - Q''^2 R^2,$

$P'^2 S'^2 - P''^2 S''^2 = Q'^2 R'^2 - Q^2 R''^2,$
$P'^2 S''^2 - P''^2 S'^2 = Q^2 R''^2 - Q''^2 R^2,$
$P'''^2 S''^2 - P^2 S'^2 = Q''^2 R'''^2 - Q'^2 R^2,$
$P^2 S''^2 - P'''^2 S'^2 = Q^2 R'^2 - Q'''^2 R''^2.$
etc. etc.

die sich auf das Leichteste aus den Relationen zwischen den Producten je zweier herleiten. Endlich sei noch angemerkt, dass sie für $u = 0$, $u' = 0$ wieder in die Gleichungen 25.) bis 28. übergehen.

Differentialrelationen zwischen den Functionen P, Q etc.

Da man keine zweite algebraische Relation zwischen den Functionen P, S, P'', S'' finden kann, muss man zu den Differentialen seine Zuflucht nehmen. Betrachten wir daher den Ausdruck $P''\partial S' - S'\partial P''$. Zuerst ist offenbar, dass er die Perioden $4A$, $4B$ hat, da wegen $P'(u + 4A) = P''$ auch $\partial P''(u + 4A) = \partial P''$ etc. sein wird. Zweitens hat der Ausdruck $e^{2ru^2+2r'u'^2} P''\partial S' - S'\partial P''$ die Perioden $4K$, $4L$, was folgendermaassen gezeigt wird. Es ist

$\partial(e^{ru^2+r'u'^2} S') = e^{ru^2+r'u'^2}\partial S' + (2ru\partial u + 2r'u'\partial u')e^{ru^2+r'u'^2} S',$

$\partial(e^{ru^2+r'u'^2} P') = e^{ru^2+r'u'^2}\partial P' + (2ru\partial u + 2r'u'\partial u')e^{ru^2+r'u'^2} P',$

woraus durch Multiplication mit $e^{ru^2+r'u'^2} P'$ und $e^{ru^2+r'u'^2} S'$ und Subtraction wird:

Entwurf einer Theorie der Abel'schen Transcendenten. 25

$$e^{ru^2+r'u'^2}P')\partial\, e^{ru^2+r'u'^2}S' - e^{ru^2+r'u'^2}S')\partial\, e^{ru^2+r'u'^2}P')$$
$$= e^{2ru^2+2r'u'^2}\, P'\partial S' - S'\partial P'.$$

Da nun das eine Glied der Gleichung die Perioden $4K$ und $4L$ hat, so wird das andere dieselben haben. Der Ausdruck $P'\partial S' - S'\partial P'$ wird daher durch die Functionen P, Q etc. ausgedrückt werden können; d. h. linear durch die Quadrate P^2, Q^2 etc. und die Producte je zweier PQ, PR etc. Dies aber lässt sich unter Benutzung der Reihen beweisen.

Sei der Kürze halber gesetzt:

$$M_1 = e^{r(u+2\mathfrak{a}_1 K+2\mathfrak{b}_1 L)^2+\ldots},$$
$$M = e^{r(u+(2\mathfrak{a}+1)K+(2\mathfrak{b}+1)L)^2+\ldots},$$

so wird

$$e^{ru^2+r'u'^2}P' = S' - 1)^{\mathfrak{b}_1} M_1,$$
$$e^{ru^2+r'u'^2}iS' = S - 1)^{\mathfrak{b}} M,$$
$$\partial M_1 = \{2r(u+2\mathfrak{a}_1 K+2\mathfrak{b}_1 L)\partial u+\ldots\} M_1,$$
$$\partial M = \{2r(u+2\mathfrak{a}+1\, K+2\mathfrak{b}+1\, L)\partial u+\ldots\} M,$$
$$e^{ru^2+r'u'^2}\partial P'+2ru\partial u+2r'u'\partial u')P'$$
$$= S'-1)^{\mathfrak{b}_1}\{2r\cdot 2\mathfrak{a}_1 K+2\mathfrak{b}_1 L)\partial u+\ldots\} M_1$$
$$+ S'(-1)^{\mathfrak{b}_1}\{2ru\partial u+\ldots\} M_1,$$

also

$$e^{ru^2+r'u'^2}\partial P' = S_1 - 1)^{\mathfrak{b}_1}\{2r(2\mathfrak{a}_1 K+2\mathfrak{b}_1 L)\partial u+\ldots\} M_1$$

und ähnlich

$$e^{ru^2+r'u'^2}i\partial S' = S-1)^{\mathfrak{b}}\{2r((2\mathfrak{a}+1)K+2\mathfrak{b}+1\, L)\partial u+\ldots\} M.$$

Daraus

$$e^{2ru^2+2r'u'^2}i\, P'\partial S' - S'\partial P'$$
$$= S(-1)^{\mathfrak{b}+\mathfrak{b}_1}\{2r(2\mathfrak{a}-2\mathfrak{a}_1+1\, K$$
$$+ 2\mathfrak{b}-2\mathfrak{b}_1+1\, L)\partial u+\ldots\} M M_1.$$

Setzt man aber

$$\mathfrak{a}+\mathfrak{a}_1 = \varepsilon,\qquad \mathfrak{b}+\mathfrak{b}_1 = \vartheta,$$
$$\mathfrak{a}-\mathfrak{a}_1 = \varepsilon_1,\qquad \mathfrak{b}-\mathfrak{b}_1 = \vartheta_1.$$

so wird

$$MM_1 = e^{2r((\varepsilon_1+\frac{1}{2})K+(\vartheta_1+\frac{1}{2})L)^2+\ldots}\cdot e^{2r(u+(\varepsilon+\frac{1}{2})K+(\vartheta+\frac{1}{2})L)^2+\ldots}$$

woraus

$$e^{2iu+2i'u'^2}i(P'\partial S' - S'\partial P')$$
$$S\{2r(2\epsilon_1 + 1\,K + 2\vartheta_1 + 1)L)\partial u + \ldots\}e^{2i(\epsilon_1+\frac{1}{2})K+(\vartheta_1+\frac{1}{2})L)^2+\ldots}$$
$$\times S - 1)^{\varepsilon_1}e^{2i(u+\iota+\frac{1}{2})K+(\vartheta+\frac{1}{2}L)^2+\ldots};$$

da in dieser Formel ϵ und ϵ_1 zugleich gerade oder ungerade Zahlen sein müssen und desgleichen ϑ und ϑ_1, so muss man zwischen geraden und ungeraden Werthen unterscheiden. Bezeichnet man daher die Reihe $Se^{2i(u+\iota+\frac{1}{2})K+(\vartheta+\frac{1}{2})L)^2+\ldots}$ mit T_1^-, U_1^-, V_1^-, W_1^- je nachdem ϵ und ϑ beide gerade, oder ϵ ungerade und ϑ gerade etc., so erhält man:

(37. $\quad e^{2iu^2+2i'u'^2}i\,P'\partial S' - S'\partial P'$
$$= a_1 T_1^- + b_1 U_1^- + c_1 V_1^- + d_1 W_1^-.$$

Die Coefficienten sind offenbar die Werthe der Differentiale von T_1, U_1, V_1, W_1 für $u = 0$, $u' = 0$. Die Reihen T_1, U_1, V_1, W_1 aber sind genau dieselben, in die die Producte $P'S'$, $P''S''$, $Q'R'$, $Q''R''$ etc. entwickelt werden können; das kann man ohne Rechnung aus den früher angeführten Formeln ersehen. Abgesehen von den Vorzeichen $(-1^b,\; (-1)^{b_1}$ und jenen Differentialfactoren verhält sich die Sache genau so. Drücken wir daher T_1, U_1, V_1, W_1 durch die Producte PS, $P'''S'''$, QR, $Q'''R'''$ etc. aus und substituiren die Werthe in die Gleichung (37.), so nimmt diese die Form an:

38.) $\quad P'\partial S' - S'\partial P' = a\,PS + b\,P'''S''' + c\,QR + d\,Q'''R'''$
$$+ a_1 P'S' + b_1 P''S'' + c_1 Q'R' + d_1 Q''R''.$$

wobei a, b, c, d etc. Differentiale von der Form $f\partial u + f'\partial u'$ und f und f' Constanten sind. Wir haben aber gesehen, dass die einzelnen Producte $Q'R'$, $Q''R''$ durch $P'S'$ und $P''S''$ ausgedrückt werden können, also nach Aenderung von u in $u + \pi$) auch QR, $Q'''R'''$ durch PS, $P'''S'''$, und nun erhält die Gleichung (38. die Form:

39. $\quad P'\partial S' - S'\partial P' = a\,PS + b\,P'''S''' + a_1 P'S' + b_1 P''S''.$

[295] Eine genauere Bestimmung derselben erfolgt leichter durch specielle Werthe. Zu dem Ende muss man bemerken, dass die Differentiale der Functionen Q', Q''', R'' etc., nämlich derer, die für $u = 0$, $u' = 0$ endliche Werthe annehmen, für dieselben Werthe verschwinden. Man findet nämlich
$$\partial P' = S - 1)^{b_1}\{2r(2a_1 K + 2b_1 L)\partial u + \ldots\}e^{i(2a_1 K + 2b_1 L)^2 + \ldots};$$

Entwurf einer Theorie der Abel'schen Transcendenten. 27

ändert man daher a_1, b_1 in $-a_1$, $-b_1$, was den Werth von $\delta P'$ nicht berührt, so verwandelt sich das allgemeine Glied in das entgegengesetzte; diese zwei Glieder zerstören sich also. Die Differentiale der übrigen sechs aber, nämlich von Q, Q'', R, R', S', S'', verschwinden für $u = 0$, $u' = 0$ nicht; deren specielle Werthe seien mit δz, $\delta z''$, $\delta \varrho$, $\delta \varrho'$, $\delta \sigma'$, $\delta \sigma''$ bezeichnet. Man findet z. B.

$$\delta z = f \delta u + f' \delta u',$$

wo gesetzt ist

$$if = S, -1)^{a+b} 2r((2a+1)K + 2bL) e^{r((2a+1)K+2bL)^2 + \ldots}$$
$$if' = S' - 1)^{a+b} 2r(2a+1 \; K' + 2bL') e^{r((2a+1)K - 2bL)^2 + \ldots}$$

und so fort. Nach dieser Festsetzung geht die Bestimmung der Coefficienten folgendermaassen vor sich. Aus der Gleichung

(39.) $P'\delta S' - S'\delta P' = aPS + bP'''S''' + a_1 P'S' + b_1 P''S'',$

folgt durch Aenderung von u in $u + K + L$ unter Zuhülfenahme der Tabelle (S.)

$$P'\delta S' - S'\delta P' = aPS + bP'''S''' - a_1 P'S' - b_1 P''S''.$$

Die Coefficienten a_1 und b_1 verschwinden daher offenbar und es bleibt

(40.) $P'\delta S' - S'\delta P' = aPS + bP'''S'''.$

Hieraus aber wird durch Aenderung von u in $u + A + B$

(41.) $P''\delta S'' - S''\delta P'' = aP'''\delta S''' + bPS,$

woraus für $u = 0$, $u' = 0$ die Coefficienten a und b bestimmt werden durch die Gleichungen:

(42.) $\begin{cases} \varpi' \delta \sigma' = a\varpi\sigma + b\varpi''\sigma''', \\ \varpi'' \delta \sigma'' = a\varpi'''\sigma''' + b\varpi\sigma, \end{cases}$

die uns die folgenden Werthe verschaffen:

(43.) $\begin{cases} z'''^2 \varrho'''^2 a = \varpi''\varpi'''\sigma''\delta\sigma'' - \varpi\varpi'\sigma\delta\sigma', \\ z'''^2 \varrho'''^2 b = \varpi'\varpi'''\sigma''\delta\sigma' - \varpi\varpi''\sigma\delta\sigma''. \end{cases}$

Es werden aber andere Werthe auf folgendem Wege gefunden. Aendert man u in $u + K$, so ermittelt man aus den Gleichungen 40.) und 41.):

44. $Q'\delta R' - R'\delta Q' = aQR + bQ'''R''',$
(45. $Q''\delta R'' - R''\delta Q'' = -aQ''R''' - bQR,$

296 woraus für $u = 0$, $u' = 0$ hervorgeht:

$$(46.) \quad \begin{cases} z'\partial\varrho' = bz'''\varrho''', \\ \varrho''\partial z'' = az'''\varrho''', \end{cases}$$

das aber sind Gleichungen, die nicht nur viel einfacher sind, als die Gleichungen (42. oder (43.), sondern auch nach Elimination von a und b Relationen zwischen den Differentialen $\partial\sigma'$, $\partial\sigma''$, $\partial\varrho'$, $\partial z''$ darbieten, nämlich:

$$(47.) \quad \begin{cases} z'''\varrho''\varrho''\partial z'' = \varpi''\varpi'''\sigma'''\partial\sigma'' - \varpi\varpi'\sigma'\partial\sigma', \\ z'''\varrho''z'\partial\varrho' = \varpi'\varpi'''\sigma'''\partial\sigma'' - \varpi\varpi''\sigma\partial\sigma''. \end{cases}$$

Auf ähnliche Weise findet man die Gleichungen:

$$(48.) \quad \begin{cases} z'\varrho''\varrho'''\partial z = \varpi\varpi'\sigma'''\partial\sigma'' - \varpi''\varpi'''\sigma\partial\sigma', \\ z'\varrho''z''\partial\varrho = \varpi\varpi''\sigma''\partial\sigma' - \varpi'\varpi'''\sigma\partial\sigma''. \end{cases}$$

Mehr Relationen aber zwischen den Differentialen ∂z, $\partial\varrho$ etc. giebt es nicht, da wegen der Unabhängigkeit von ∂u und $\partial u'$ zwei willkürlich bleiben müssen. Wenden wir also die Gleichungen (46.) an, so gelangen wir zu folgenden Relationen:

$$(19.) \quad \begin{cases} P'\partial S' - S'\partial P' = \dfrac{\varrho''\partial z''}{\varrho'''z'''}PS + \dfrac{z'\partial\varrho'}{z'''\varrho'''}P'''S''', \\ P''\partial S'' - S''\partial P'' = \dfrac{\varrho''\partial z''}{z'''\varrho'''}P'''S''' + \dfrac{z'\partial\varrho'}{z'''\varrho'''}PS. \end{cases}$$

so dass schon drei Gleichungen zwischen den Grössen P', S', P'', S'' bekannt sind (hierbei fasse man die Producte PS, $P'''S'''$ als durch P', S', P'', S'' ausgedrückt auf, was nach dem Vorhergehenden erlaubt ist). Von diesen Gleichungen ist die eine 33. algebraisch vom vierten Grade, die anderen beiden sind Differentialgleichungen erster Ordnung. Die übrigen, die man noch den Gleichungen (49.) ähnlich finden kann, lassen sich algebraisch aus jenen drei ableiten; was man aber von vornherein zeigen kann.

Man muss daher noch irgend eine vierte Gleichung eruiren und zu diesem Zwecke zu den zweiten Differentialen aufsteigen. Ich behaupte aber, dass man die Form $P''\partial^2 P'' - \partial P'^2$ linear durch die Quadrate von P', S', P'', S'' ausdrücken kann, wenn nur die Differentiale ∂u, $\partial u'$ constant gesetzt werden. Zuerst nämlich sieht man wegen

$$\partial P'(u + \Delta) = \partial P'', \quad \partial^2 P'(u + \Delta) = \partial^2 P''$$

Entwurf einer Theorie der Abel'schen Transcendenten.

ein, dass jener Ausdruck die Perioden $4A$ und $4B$ hat. Setzt man ferner der Kürze halber $e^{ru^2 + r'u'^2} = M$, so wird

$$\delta MP' = M\delta P' + (2ru\delta u + 2r'u'\delta u')MP',$$
$$\delta^2 MP') = M\delta^2 P' + 2 \cdot 2ru\delta u + 2r'u'\delta u' \cdot M\delta P'$$
$$+ (2ru\delta u + 2r'u'\delta u')^2 MP' + (2r\delta u^2 + 2r'\delta u'^2)MP'$$
$$+ (2ru\delta^2 u + 2r'u'\delta^2 u')MP',$$

[297] und es geht die Gleichung

$$(MP'\delta^2(MP') - \delta(MP')^2 = M^2 \cdot P'\delta^2 P' - \delta P'^2)$$
$$+ (2r\delta u^2 + 2r'\delta u'^2 \cdot (MP')^2 + (2ru\delta^2 u + 2r'u'\delta^2 u' \cdot (MP')^2.$$

hervor, aus der erhellt, dass die Form

$$e^{2ru^2 + 2r'u'^2}(P'\delta^2 P' - \delta P'^2)$$

die Perioden $4K$ und $4L$ hat, wenn man nur $\delta^2 u = 0$, $\delta^2 u' = 0$ setzt. Man kann daher $P'\delta^2 P' - \delta P'^2$ einem Ausdrucke folgender Form gleichsetzen:

$$aP^2 + bQ^2 + cR^2 + \ldots + \alpha PQ + \beta PR + \gamma PS + \ldots$$

Fügt man aber die Incremente der Argumente, die in Tabelle (7.) ersichtlich sind, hinzu, so wird $P'\delta^2 P' - \delta P'^2$ nicht geändert. Eben so wenig die Quadrate P^2, Q^2 etc. Von den Producten PQ, PR etc. nimmt immer irgend eines den entgegengesetzten Werth an, weshalb sie sich wegheben müssen. Endlich können die Quadrate P^2, Q^2 etc. mit Hülfe der Gleichungen (31.) auf die vier P'^2, S'^2, P''^2, S''^2 reducirt werden. Es bleibt also eine Gleichung von der Form:

$$P'\delta^2 P' - \delta P'^2 = aP'^2 + bS'^2 + cP''^2 + dS''^2$$

übrig. Die Coefficienten werden auf gewohnte Weise bestimmt. Zu dem Ende ist zu beachten, dass sechs zweite Differentiale, nämlich $\delta^2 Q$, $\delta^2 Q''$, $\delta^2 R$, $\delta^2 R'$, $\delta^2 S'$, $\delta^2 S''$ für $u = 0$, $u' = 0$ verschwinden. Die übrigen nehmen endliche Werthe an und werden durch $\delta^2 \varpi$, $\delta^2 \varpi'$ etc. bezeichnet. Sie haben aber folgende Form:

$$\delta^2 \varpi = a\delta u^2 + 2b\delta u\delta u' + c\delta u'^2,$$

wo a, b, c constant sind. Uebrigens lassen sich diese Differentiale alle durch irgend eines ausdrücken. Denn da z. B. $P\delta P' - P'\delta P =$ der Summe aus den Producten je zweier, so geht nach Differentiation für $u = 0$, $u' = 0$ hervor, dass

$\varpi\delta^2\varpi' - \varpi'\delta^2\varpi$ = einer Grösse, die von Constanten und von den Grössen δz, $\delta\varrho$ etc. abhängt.

Hiernach findet man die Gleichung:

$$(50.) \quad P'\delta^2 P' - \delta P'^2$$
$$\frac{\varpi'^2\delta^2\varpi' - \varpi''^2\delta^2\varpi''}{\varpi'^4 - \varpi''^4}P'^2 + \frac{\varrho''^2\delta z''^2 - z''^2\delta\varrho'^2}{\varpi'^4 - \varpi''^4}S'^2$$
$$+ \frac{z'^2\delta z''^2 - \varrho''^2\delta\varrho'^2}{\varpi'^4 - \varpi''^4}P''^2 + \frac{\varpi''^2\delta\sigma''^2 - \varpi'^2\delta\sigma'''^2}{\varpi'^4 - \varpi''^4}S''^2,$$

sowie auch ähnliche für die Ausdrücke $P\delta^2 P - \delta P^2$, $Q\delta^2 Q - \delta Q^2$ etc.; dass diese zur zweiten Gattung unserer Functionen gehören, wird man weiter unten sehen. Vor allem aber bemerken wir die Formel:

$$(51.) \quad (P'P'' + S'S'')\delta^2(P'P'' + S'S'') - \delta(P'P'' + S'S'')^2$$
$$= a(P'P'' + S'S'')^2 + b(P'^2 S''^2 + P''^2 S'^2) + c P'P''S'S''$$
$$+ d(P'^2 S'^2 + P''^2 S''^2),$$

[298] wo die Constanten a, b, c, d bestimmt sind durch die Gleichungen:

$$(52.) \begin{cases} a\varpi'\varpi'' = \varpi'\delta^2\varpi'' + \varpi''\delta^2\varpi' + 2\delta\sigma\delta\sigma'', \\ bz'^2\varrho''^2 = -z'\delta z'' + \varrho''\delta\varrho'^2, \\ dz'''^2\varrho'''^2 = (z'''\delta z - \varrho'''\delta\varrho)^2, \\ a(\varpi\varpi''' + \sigma\sigma''')^2 + b(\varpi^2\sigma'''^2 + \varpi'''^2\sigma^2) \\ \quad + d(\varpi^2\sigma^2 + \varpi'''^2\sigma'''^2) + c\varpi\varpi'''\sigma\sigma''' \\ = \varpi\varpi''' + \sigma\sigma'''(\varpi\delta^2\varpi''' + \varpi'''\delta^2\varpi + \sigma\delta^2\sigma''' + \sigma'''\delta^2\sigma). \end{cases}$$

Von besonderem Gewichte ist die Bemerkung, dass die Differentiale $\delta^2\varpi$, $\delta^2\varpi'$ etc. aus dem Werthe von c eliminirt werden können unter Heranziehung der Gleichungen:

$$(53.) \begin{cases} \varrho''\varrho'''(\varpi'\delta^2\varpi - \varpi\delta^2\varpi') = z'\sigma'''\delta z\delta\sigma'' - z''\sigma\delta z''\delta\varrho', \\ \varrho''\varrho'''(\varpi'\delta^2\varpi''' - \varpi'''\delta^2\varpi'') = z'\sigma\delta z\delta\sigma' - z'''\sigma'''\delta z''\delta\sigma'', \\ \varrho''z'''(\sigma'''\delta^2\varpi - \varpi''\delta^2\sigma') = \varpi'''\varrho''\delta\sigma\delta z' + \varpi z'\delta\sigma''\delta\varrho, \\ \varrho''z''' \sigma\delta^2\varpi' - \varpi'\delta\sigma = \varpi'''z'\delta\sigma'''\delta\varrho + \varpi\varrho'''\delta\sigma''\delta z'. \end{cases}$$

Obgleich wir nun zu unserem Zwecke eine genügende Anzahl von Differentialgleichungen haben, ist es dennoch interessant anzumerken, dass man Gleichungen aller Ordnungen auffinden kann, die die Form haben:

$$X\delta^n Y - n_1\delta X\delta^{n-1}Y + n_2\delta^2 X\delta^{n-2}Y - n_3\delta^3 X\delta^{n-3}Y + \text{etc.}$$

Entwurf einer Theorie der Abel'schen Transcendenten. 31

gleich einer rationalen ganzen Function zweiten Grades von P', S', P'', S'', wo X und Y an Stelle von irgend zwei der Functionen P, Q, R etc. stehen. Dies kann auf jede der beiden Weisen, die Anfangs dieses Kapitels gebraucht wurden, gezeigt werden. Ja es giebt keine Differentialgleichung, die nicht auf solche Weise zusammengesetzt wäre. Gerade jene Gleichung gilt auch, wenn man für X und Y irgend welche ganze, homogene Functionen der P, Q, R etc. von gleicher Dimension einsetzt. Endlich gilt sie auch, wenn man die Argumente der einen Grösse (X) um beliebige Constante vermehrt, die der anderen (Y) um dieselben Constanten vermindert; das würde dann so aussehen:

$$X(u+a, u'+a')\partial^n Y(u-a, u'-a')$$
$$- u\partial X(u+a, u'+a')\partial^{n-1} Y(u-a, u'-a') + \text{etc.} =$$

einer rationalen Function der P', S', P'', S'' etc. Weiter unten wird man sehen, dass dies zu der dritten Gattung von vierfach periodischen Functionen Veranlassung giebt.

Transformation der Differentialgleichungen.

Es bleibt jetzt noch übrig, sowohl die endlichen als auch die Differentialgleichungen, deren Bestehen wir unter den vier Grössen erkannt haben, etwas genauer durchzunehmen, um zu beweisen, dass unsere Functionen zu den Abel'schen Transcendenten erster Ordnung gehören.

Hier ist nun vor Allem die eine und bemerkenswerthe Thatsache zu beachten, dass, obwohl die drei früheren Gleichungen, nämlich (33.) und 49., zur Bestimmung der vier Grössen P', S', P'', S'' nicht ausreichen, sie doch die Quotienten je zweier mit aller Strenge definiren, nämlich die drei Grössen $\frac{S'}{P'}, \frac{P''}{P'}, \frac{S''}{P'}$, deren vierfache Periodicität wir oben festgestellt haben. Daher bleiben wir hier stehen und lassen die übrige Gleichung 50. vor der Hand bei Seite.

Die Gleichungen (49.)

$$P'\partial S' - S'\partial P' = \frac{\varrho''\partial z''}{z'''\varrho'''}PS + \frac{z'\partial \varrho'}{z'''\varrho'''}P'''S'''$$

$$P''\partial S'' - S''\partial P'' = \frac{z'\partial \varrho'}{z'''\varrho'''}PS + \frac{\varrho''\partial z''}{z'''\varrho'''}P'''S'''$$

addiren und substrahiren wir, wodurch kommt

32 A. Göpel.

54.)
$$\begin{cases} \dfrac{P'\partial S' - S'\partial P' + P''\partial S'' - S''\partial P''}{P'''S''' - PS} \\ \quad = \dfrac{z'\partial\varrho' + \varrho''\partial z''}{z'''\varrho'''} = \partial u, \\ \dfrac{P'\partial S' - S'\partial P' - P''\partial S'' - S''\partial P''}{P'''S''' - PS} \\ \quad = \dfrac{z'\partial\varrho' - \varrho''\partial z''}{z'''\varrho'''} = \partial v. \end{cases}$$

Setzt man der Kürze halber

55.)
$$\begin{cases} \dfrac{S'}{P'} = p, \quad \dfrac{S''}{P''} = q, \quad \dfrac{P'}{P''} = s, \\ \dfrac{P'''S''' + PS}{P'P''} = q, \quad \dfrac{P'''S''' - PS}{P'P''} = \varrho \end{cases}$$

so geht 54. über in

56. $\dfrac{s\partial p + \dfrac{1}{s}\partial q}{q} = \partial u.$ $\dfrac{z\partial p - \dfrac{1}{s}\partial q}{\varrho} = \partial v.$

Die Werthe von s, q, ϱ, ausgedrückt durch die Grössen P', S', P'', S'' oder vielmehr p, q, sind aus den Gleichungen (33. . 35.). 36. abzuleiten. Führt man nämlich folgende Bezeichnungen ein

57.)
$$\begin{cases} 2E = \dfrac{z'''^4 + \varrho'''^4}{z'''^2\varrho'''^2}, \quad 2F = \dfrac{\varpi'^4 + \varpi''^4}{\varpi'^2\varpi''^2}, \quad 2C = \dfrac{z'^4\varrho'^4}{z'^2\varrho''^2}, \\ 2D = \dfrac{\varpi\sigma\varpi'''\sigma''' \cdot \varpi'^4 - \varpi''^4)^2}{\varpi'^2\varpi''^2 z'^2\varrho''^2 z''^2\varrho'''^2}, \\ b = \dfrac{\varpi'''^2\sigma''^2 + \varpi^2\sigma^2}{\varpi'^2\varpi''^2}, \quad c = -\dfrac{\varpi\sigma\varpi'''\sigma''' \cdot z'^4 + \varrho'^4}{\varpi'^2\varpi''^2 z'^2\varrho''^2}, \\ \qquad a = \dfrac{z'''^2\varrho'''^2}{z'^2\varrho''^2}, \\ b_1 = \dfrac{2\varpi\varpi'''\sigma\sigma'''}{\varpi'^2\varpi''^2}, \quad c_1 = \dfrac{\varpi^2\varpi'''^2 + \sigma^2\sigma'''^2}{\varpi'^2\varpi''^2}, \quad \text{woraus} \\ E^2 - 1 = \dfrac{(z'''^4 - \varrho'''^4)^2}{4z'''^4\varrho'''^4} - \dfrac{\varpi'^4 - \varpi''^4 \cdot 2}{4z'''^4\varrho'''^4}. \end{cases}$$

so gehen die Gleichungen (33.) bis 36.) in folgende über:

Entwurf einer Theorie der Abel'schen Transcendenten.

(58.) $(1 - 2Ep^2 + p^4)s^4 - 2F(1 + p^2q^2) - C(p^2 + q^2)$
$+ 2Dpq\ s^2 + (1 - 2Eq^2 + q^4) = 0$,

(59.) $2\sqrt{E^2 - 1}\dfrac{P'''^2 S'''^2 + P^2 S^2}{P'^2 P''^2} = (1 - 2Ep^2 + p^4)s^2$
$- (1 - 2Eq^2 + q^4)\dfrac{1}{s^2}$,

[300]
(60.) $\left(\dfrac{P''' S''' + PS}{P'\ P''}\right)^2 = \varphi^2 = (b + b_1)(1 + p^2q^2)$
$- a(p^2 + q^2) + 2c - c_1\,pq$,

(61.) $\left(\dfrac{P''' S''' - PS}{P'\ P''}\right)^2 = \psi^2 = (b - b_1)(1 + p^2q^2)$
$- a(p^2 + q^2) + 2c + c_1\,pq$.

Zur Lösung der biquadratischen Gleichung (58.) bemerke ich, dass aus den Gll. (59.)—(61.) folgt:

$1 - 2Ep^2 + p^4)s^2 - (1 - 2Eq^2 + q^4)\dfrac{1}{s^2}$
$= 2\sqrt{E^2 - 1}\,\varphi\,\psi$.

Aus 58.) selbst aber folgt doch

$(1 - 2Ep^2 + p^4)s^2 + (1 - 2Eq^2 + q^4)\dfrac{1}{s^2}$
$= 2(F(1 + p^2q^2) - C(p^2 + q^2) + 2Dpq)$,

woraus

(62.) $s^2 = \dfrac{F(1+p^2q^2) - C(p^2 + q^2) + 2Dpq + \sqrt{E^2 - 1}\ \varphi\psi}{1 - 2Ep^2 + p^4}$.

(63.) $\dfrac{1}{s^2} = \dfrac{F(1+p^2q^2) - C(p^2 + q^2) + 2Dpq - \sqrt{(E^2 - 1)}\ \varphi\psi}{1 - 2Eq^2 + q^4}$.

Substituirt man daher diese Werthe aus den Gll. (60. bis (63.) in die Gll. (56.), so ist die Bestimmung von p, q reducirt auf die Integration algebraischer, irrationaler Grössen, die von 3 Gleichungen zweiten Grades abhängen, zwar von beiden zusammen, da ja beide unabhängige Variable p und q eingehen, aber doch algebraisch. Integrirt man nämlich die Gll. (56., so gehen folgende hervor:

Ostwald's Klassiker. 67.

(64.) $$\int s\delta p + \frac{1}{s}\delta q \over q = u, \quad \int s\delta p - \frac{1}{s}\delta q \over u = v,$$

deren Differentiale $\dfrac{s\delta p + \dfrac{1}{s}\delta q}{q}$ und $\dfrac{s\delta p - \dfrac{1}{s}\delta q}{v}$ offenbar exacte Differentiale sind.

Wir haben uns nun zu bemühen, die Variabeln zu trennen; d. h. wir müssen an Stelle von p und q zwei andere Variable einführen, welche die Integration auf einfache Quadraturen nach den einzelnen Variabeln zurückführen. Freilich ein schweres Unternehmen, wenn man die verwickelten Formeln, die die Werthe von q, ψ, s, $\dfrac{1}{s}$ ausdrücken, berücksichtigt. Doch gelingt es mit glücklichem Erfolge durch die Substitutionen

(65.) $$p = \frac{y \cdot \mathit{1}z + z \cdot \mathit{1}y}{1 - y^2 z^2}, \quad q = \frac{y \cdot \mathit{1}z - z \cdot \mathit{1}y}{1 - y^2 z^2},$$

wo $\mathit{1}y = \sqrt{1 - 2Ly^2 + y^4}$, $\mathit{1}z = \sqrt{1 - 2Lz^2 + z^4}$ gesetzt ist. Durch Ausrechnung erhält man:

[301]
$$\frac{\delta p}{\mathit{1}p} = \frac{\delta y}{\mathit{1}y} + \frac{\delta z}{\mathit{1}z}, \quad \frac{\delta q}{\mathit{1}q} = \frac{\delta y}{\mathit{1}y} - \frac{\delta z}{\mathit{1}z},$$

$$(1 - y^2 z^2)^2 q^2 = (b + b_1) \times$$
$$\left\{1 - 2\frac{C-E-D}{F-1}y^2 + y^4\right\}\left\{1 - 2\frac{C-E+D}{F-1}z^2 + z^4\right\},$$

$$(1 - y^2 z^2)^2 \psi^2 = (b - b_1) \times$$
(66.) $\left\{1 - 2\frac{C+E-D}{F+1}y^2 + y^4\right\}\left\{1 - 2\frac{C-E+D}{F-1}z^2 + z^4\right\},$

$$\tfrac{1}{2}(1 - y^2 z^2)^2 \left(s \cdot \mathit{1}p + \frac{\mathit{1}q}{s}\right)^2 = (F+1) \times$$
$$\left\{1 - 2\frac{C+E-D}{F+1}y^2 + y^4\right\}\left\{1 - 2\frac{C+E+D}{F+1}z^2 + z^4\right\},$$

$$\tfrac{1}{2}(1 - y^2 z^2)^2 \left(s \cdot \mathit{1}p - \frac{\mathit{1}q}{s}\right)^2 = (F-1) \times$$
$$\left\{1 - 2\frac{C-E-D}{F-1}y^2 + y^4\right\}\left\{1 - 2\frac{C-E+D}{F-1}z^2 + z^4\right\};$$

Entwurf einer Theorie der Abel'schen Transcendenten. 35

die Gll. (56.) aber können auf folgende Weise dargestellt werden:

(67.)
$$\begin{cases}
\dfrac{\left(s\,Jp + \dfrac{Jq}{s}\right)}{q}\left(\dfrac{\partial p}{2Jp} - \dfrac{\partial q}{2Jq}\right) \\
+ \dfrac{\left(s\,Jp - \dfrac{Jq}{s}\right)}{q}\left(\dfrac{\partial p}{2Jp} - \dfrac{\partial q}{2Jq}\right) = \partial u\,. \\
\dfrac{\left(s\,Jp - \dfrac{Jq}{s}\right)}{v}\left(\dfrac{\partial p}{2Jp} + \dfrac{\partial q}{2Jq}\right) \\
+ \dfrac{\left(s\,Jp + \dfrac{Jq}{s}\right)}{v}\left(\dfrac{\partial p}{2Jp} - \dfrac{\partial q}{2Jq}\right) = \partial v\,.
\end{cases}$$

Setzt man hier die Werthe aus den Gll. 66. ein, hebt die gleichen Factoren in den Zählern und Nennern und schreibt der Kürze halber

$$\frac{C-E-D}{F-1} = E_1\,, \qquad \frac{C+E-D}{F+1} = E_2\,,$$

$$\frac{C-E+D}{F+1} = E_3\,, \qquad \frac{C-E+D}{F-1} = E_4\,,$$

so entstehen die gesonderten Gleichungen

(68.)
$$\begin{cases}
\sqrt{(2F+1)}\,\dfrac{\partial y}{\sqrt{1-2Ey^2+y^4}}\sqrt{\dfrac{1-2E_2 y^2+y^4}{1-2E_4 y^2+y^4}} \\
+\sqrt{(2(F-1))}\,\dfrac{\partial z}{\sqrt{1-2Ez^2+z^4}}\sqrt{\dfrac{1-2E_1 z^2+z^4}{1-2E_3 z^2-z^4}} \\
=\sqrt{(b+b_1)}\,\partial u\,, \\
\sqrt{(2(F-1))}\,\dfrac{\partial y}{\sqrt{1-2Ey^2+y^4}}\sqrt{\dfrac{1-2E_1 y^2+y^4}{1-2E_2 y^2+y^4}} \\
+\sqrt{(2(F+1))}\,\dfrac{\partial z}{\sqrt{1-2Ez^2+z^4}}\sqrt{\dfrac{1-2E_3 z^2+z^4}{1-2E_1 z^2+z^4}} \\
=\sqrt{(b-b_1)}\,\partial v\,.
\end{cases}$$

3*

[302' Da aber jene Substitution nicht so auf den ersten Blick einleuchtet, so scheint es mir nicht unzweckmässig ihre Analysis hier beizufügen; und dies um so mehr, als es in ungewohnten Dingen, die bisher Niemand auch nur von Ferne berührt hat, lohnend ist, die Methoden zu kennen, mit denen etwas Nützliches erreicht werden kann.

Trennung der Variabeln.

Beachtet man sowohl die vierfache Periodicität der Functionen p und q als auch die Reduction auf zwei unabhängige Argumente, sowie die algebraische Form der Differentiale, so erräth man leicht, dass nach einer passenden Substitution wird entstehen müssen

$$\frac{s\,\delta p + \frac{1}{s}\delta q}{\varphi} = \frac{(\alpha + \beta x)\,\delta x}{\sqrt{X}} + \frac{(\alpha + \beta x')\,\delta x'}{\sqrt{X'}} = \delta u,$$

$$\frac{s\,\delta p - \frac{1}{s}\delta q}{\psi} = \frac{(\alpha_1 + \beta_1 x)\,\delta x}{\sqrt{X}} + \frac{(\alpha_1 + \beta_1 x')\,\delta x'}{\sqrt{X'}} = \delta v,$$

wo X und X' rationale ganze Functionen fünften und sechsten Grades darstellen, wie das bei den *Abel*'schen Transcendenten erster Ordnung der Fall ist[*].

[*] Diese Dinge, die Herr *Jacobi* über vielfach periodische Functionen mehrerer Argumente, die man passend in die Theorie der *Abel*'schen Functionen eingeführt hat, auf das schärfste ausgeführt hat (vergl. Crelle Journal Bd. 32, 9 und Bd. 2, 13), müssen für genügend und völlig bekannt gehalten werden. Wir übergehen daher an dieser Stelle und wollen auf eine andere Gelegenheit, falls sich eine darbieten wird, das verschieben, was wir selbst einst in diesen Dingen ersonnen haben; wenn auch unsere Untersuchungen wesentlich weiter reichen, da sie nämlich hergeleitet sind aus Betrachtungen von Integralen im Allgemeinen, nicht aber aus dem einzigen Falle, wo die Quadratwurzel aus einem in reelle Factoren zerlegbaren Polynome gezogen wird. — Eines nur möchte ich gern schon jetzt über den Gegenstand anmerken, was jener bedeutende Gelehrte wegen der Absurdität der dreifachen und erst recht der vierfachen Periodicität gegen die Betrachtung von Functionen einer einzigen Variabeln ins Feld führt. Der Aussage nämlich, dass jede dreifach periodische Function eine Periode kleiner als jede gegebene Grösse habe und dies absurd sei, glauben wir zwar im ersten Theile mit ganzer Seele beistimmen zu müssen, sehen aber nicht völlig ein (mit Verlaub) eines so grossen Gelehrten

Entwurf einer Theorie der Abel'schen Transcendenten. 37

Umgekehrt ist es daher nöthig, dass man auch von den *Abel*'schen Transcendenten nach Ausführung einer passenden Substitution der Variabeln x und x' zu unseren Differentialgleichungen gelangen kann. Die Grössen x und x' können aber angesehen werden als Wurzeln der quadratischen Gleichung $Ux^2 - 2U'x + U''' = 0$, deren Coëfficienten rationale oder lieber »uniforme« transcendente Functionen der beiden Argumente u und v, oder u und u' sind. Deshalb ist es [303] auch gestattet, sie gleichwie rationale algebraische Functionen von p und q und den übrigen Quotienten je zweier $\left(\dfrac{Q}{S},\ \dfrac{P}{R},\ \text{etc.}\right)$ zu betrachten, da diese ja selbst uniforme Functionen der Argumente u und u' sind. Dazu kommt noch, dass eine solche Substitution $Ux^2 - 2U'x + U''' = 0$ auf das beste zu unseren Gleichungen stimmt, denn da

$$x = \frac{U'' + \sqrt{(U'^2 - U U''')}}{U}$$

ist, so nehmen die Wurzeln $\sqrt{X}$ und $\sqrt{X'}$ offenbar dieselbe Form $\sqrt{\dfrac{M + N\sqrt{U'^2 - UU''})}{L}}$

an, die gerade s hat (vergl. Gl. 62.) wo das Product $\varphi\psi$ die Quadratwurzel aus einer rationalen Function darstellt). Nichts desto weniger ist dieser Sache noch eins hinderlich, was von grösster Bedeutung ist. Es sind nämlich die beiden Wurzelgrössen $\sqrt{(U'^2 - UU''')}$ und $\varphi\psi$, die algebraisch commensurabel sein müssen (es ist nämlich $\dfrac{\sqrt{U'^2 - UU'''}}{\varphi\psi} =$ einer rationalen Function von p, q und den anderen Quotienten je zweier), ihrer Natur nach sehr verschieden.

---

zu sagen) welche Absurdität hier vorliegt. Wo endlich sollen wir annehmen, dass die Ursache dieser Absurdität liegt? Etwa in den Elementen oder im Begriff des Integrales oder der Function? Wenn man aber das Alles[*)] wohl abwägt, so scheint hier allerdings die Function $u = \int \dfrac{\alpha + \beta x\, \partial x}{\sqrt{X}}$ zurückzuweisen zu sein, nicht jedoch wegen der vermeintlichen Absurdität, sondern insofern algebraische Relationen zwischen den drei Grössen $x(u)$, $x(v)$ und $x(u + v)$ zur Untersuchung kommen, eine solche Relation aber nicht existirt. Ja wir glauben sogar, dass der, der transcendente Relationen zwischen jenen auffinden will 'was kaum die Aufgabe unserer Zeit zu sein scheint, ein sehr weites Arbeitsfeld finden wird.[6)]
  *) ! ? J.

Während die eine Function $q\psi$, die wir der Grösse
$\frac{P'''^2 S'''^2 - P^2 S^2}{P''^2 P''^2}$ gleichgesetzt haben, als rationale Function
erscheint, muss man die andere $\sqrt{(U'^2 - UU'')}$, dagegen als irrational ansehen, wenn wir nicht glauben die einzelnen Variabeln x und x' rational durch die Argumente u und u' ausdrücken zu können.

Man wird daher jene Function s mit Hülfe der Formel

$$\sqrt{a + \sqrt{b}} = \sqrt{\frac{a + \sqrt{a^2 - b}}{2}} + \sqrt{\frac{a - \sqrt{a^2 - b}}{2}}$$

in eine andere Form transformiren, die für sie charakteristisch ist. Das aber geschieht leicht im Hinblick auf die Formeln (62.) und (63.) durch deren Multiplication herauskommt

(69.) $\quad \{F(1 + p^2 q^2) - C(p^2 + q^2) + 2Dpq\}^2$
$\qquad - (E^2 - 1) q^2 v'^2 = Jp^2 . Jq^2 .$

Es wird daher sein

(70.) $\begin{cases} s = \dfrac{\sqrt{2G + 2Jp.Jq}}{2Jp} + \dfrac{\sqrt{2G - 2Jp.Jq}}{2Jp} . \\ \dfrac{1}{s} = \dfrac{\sqrt{2G + 2Jp.Jq}}{2Jq} - \dfrac{\sqrt{2G - 2Jp.Jq}}{2Jq} . \end{cases}$

wo der Kürze halber gesetzt ist
$$G = F(1 + p^2 q^2) - C(p^2 + q^2) + 2Dpq ;$$
danach gehen die Differentialgleichungen (56.) in die über, die wir unter Nummer (67.) lesen:

(71.) $\begin{cases} \dfrac{\sqrt{2G + 2Jp.Jq}}{q} \left(\dfrac{\delta p}{2Jp} + \dfrac{\delta q}{2Jq} \right) \\ + \dfrac{\sqrt{2G - 2Jp.Jq}}{q} \left(\dfrac{\delta p}{2Jp} - \dfrac{\delta q}{2Jq} \right) = \delta u . \\ \dfrac{\sqrt{2G - 2Jp.Jq}}{v'} \left(\dfrac{\delta p}{2Jp} + \dfrac{\delta q}{2Jq} \right) \\ + \dfrac{\sqrt{2G + 2Jp.Jq}}{v'} \left(\dfrac{\delta p}{2Jp} - \dfrac{\delta q}{2Jq} \right) = \delta v . \end{cases}$

304] deren Form sich den früher erwähnten Ueberlegungen aufs schönste anschliesst. Denn die Grösse $Jp.Jq$, die unter

Entwurf einer Theorie der Abel'schen Transcendenten. 39

den Wurzelzeichen erscheint, ist in Wirklichkeit irrational, was aus den Entwickelungen, von denen wir anfänglich ausgingen, hinreichend klar ist. Jetzt aber verlassen wir jene Ueberlegungen, da das Uebrige sich ganz von selbst darbietet.

Nachdem wir nämlich einmal die Gll. 71. ermittelt haben, ist nichts einfacher, als auf die elliptischen Differentiale, die dort zu sehen sind, folgende Substitutionen anzuwenden:

(72.) $$\frac{\partial p}{2\varDelta p} + \frac{\partial q}{2\varDelta q} = \frac{\partial y}{\varDelta y}, \quad \frac{\partial p}{2\varDelta p} - \frac{\partial q}{2\varDelta q} = \frac{\partial z}{\varDelta z},$$

die bekanntlich nach dem Additionstheorem folgende Integrale darbieten

(73.) $$p = \frac{y\varDelta z + z\varDelta y}{1-y^2 z^2}, \quad q = \frac{y\varDelta z - z\varDelta y}{1-y^2 z^2}.$$

Hieraus kommt

(74.) $$pq = \frac{y^2 - z^2}{1 - y^2 z^2},$$
$$p^2 + q^2 = 2\,\frac{y^2 + z^2)(1 + y^2 z^2) - 4 E y^2 z^2}{(1 - y^2 z^2)^2},$$

(75.) $$\varDelta p \,\varDelta q = \frac{1 + y^2 z^2)^2 - 2 E(1 + y^2 z^2)(y^2 + z^2) + y^2 + z^2)^2}{1 - y^2 z^2)^2}.$$

Setzt man diese Werthe in die Ausdrücke für s, $\frac{1}{s}$, φ, ψ (Gll. 69, 60, 61) ein, so gelangt man sehr leicht zu den Gll., die wir schon unter Nummer (66.) gegeben haben, und zur Auflösung in Factoren ist dann nichts weiter nöthig, als die Kenntniss der Relationen zwischen den Constanten, die wir $C, D, E, F, a, b, c, b_1, c_1$ genannt hatten. Zu dem Ende aber müssen wir zu den Grund legenden Gleichungen (25.)—(28.) zurückgehen, oder was weit einfacher ist, wir müssen in Gl. 68.) beide Seiten entwickeln. Durch Vergleichung ergeben sich die folgenden Gll.

(76.) $$E^2 - 1 = \frac{F^2 - 1}{b^2 - b_1^2} = \frac{D^2 - E^2 + 1}{c^2 - c_1^2} = \frac{CF - E}{ab}$$
$$= \frac{DF}{bc + b_1 c_1} = \frac{CD}{ac},$$

sowie aus der Gl. 57.)

$$\frac{D}{ab_1} = E^2 - 1,$$

woraus wir ohne Mühe die folgenden ableiten:

(77.) $\begin{cases} a = \dfrac{\sqrt{(C^2-1)}}{\sqrt{(E^2-1)}}, & b = \dfrac{CF-E}{\sqrt{(E^2-1)}\sqrt{(C^2-1)}}, \\ c = \dfrac{CD}{\sqrt{E^2-1}\sqrt{(C^2-1)}}, & b_1 = \dfrac{D}{\sqrt{E^2-1}\sqrt{(C^2-1)}}, \\ c_1 = \dfrac{CE-F}{\sqrt{E^2-1}\sqrt{(C^2-1)}}, \\ D^2 + 1 = C^2 + E^2 + F^2 - 2CEF. \end{cases}$

Es ist aber keineswegs verwunderlich, dass drei Coefficienten unbestimmt bleiben, da unter den Grössen $\tilde{a}$, z, ϱ, etc. vier algebraisch unbestimmt blieben; denn diese unsere C, D, etc. sind Functionen der Quotienten je zweier und die 305] Gll. zwischen den $\tilde{a}$, z, ϱ, etc. waren homogen. Das ist übrigens mit der Natur der *Abel*'schen Transcendenten völlig übereinstimmend, da sie ja drei Moduln haben. Die übrige Rechnung, die nun doch elementar ist, überlassen wir den Lesern und glauben zur Trennung der Variabeln, wie in der Gl. (68.), übergehen zu müssen.

Reduction der Differentiale auf die symmetrische und gewohnte Form.

Die Variabeln sind nun zwar schon getrennt, sind aber nicht, was zu erwarten war, symmetrisch in der Gl. (68.) angeordnet. Die Ursache hiervon ist darin zu suchen, dass wir bei Einführung der neuen Variabeln durch die Differentialgleichungen (72.) die Integrationsconstante schlecht ausgewählt haben; nämlich so, dass bei verschwindendem y und z auch p und q verschwinden. Man muss deshalb für eine der beiden Variabeln z. B. für z eine neue durch die Gleichung

$$\frac{\partial z}{\partial z} = \frac{\partial y'}{\partial y'}$$

einführen, woraus kommt $z = \dfrac{y' \cdot \partial e + e \cdot \partial y'}{1 - e^2 y'^2}$, wo e eine

Entwurf einer Theorie der Abel'schen Transcendenten. 41

willkürliche Constante bedeutet. Diese aber muss man durchaus so bestimmen, dass nach Ausführung der Substitution die Differentiale (68.) dieselbe Form wieder erhalten; das aber kann offenbar nur geschehen, wenn z^2 rational durch y'^2 ausgedrückt ist. Machen wir mithin $Ae = 0$, so folgt, wenn man setzt

$$Ac^2 = 1 - 2Ec^2 + c^4 = (1 - \alpha^2 c^2)(1 - \beta^2 c^2),$$

$c = \alpha$ (oder β). Daraus erlangen wir die folgende Substitution

$$(78). \begin{cases} z^2 = \dfrac{\alpha^2 - y'^2}{1 - \alpha^2 y'^2}, & Az = \dfrac{\beta(\alpha^2 - 1)y'}{1 - \alpha^2 y'^2}, & \dfrac{\partial z}{Az} = \dfrac{\partial y'}{Ay'}, \\ \frac{1}{2}\left(z^2 + \dfrac{1}{z^2}\right) = \dfrac{E - 2y'^2 + Ey'^4}{1 - 2Ey'^2 + y'^4}, \end{cases}$$

durch Anwendung auf die Gll. (68.) kommt

$$\tfrac{1}{2}\left(z^2 + \dfrac{1}{z^2}\right) - E_1 = \dfrac{(E - E_1) - 2(1 - EE_1)y'^2 + (E - E_1)y'^4}{1 - 2Ey'^2 + y'^4},$$

$$\tfrac{1}{2}\left(z^2 + \dfrac{1}{z^2}\right) - E_3 = \dfrac{(E - E_3) - 2(1 - EE_3)y'^2 + (E - E_3)y'^4}{1 - 2Ey'^2 + y'^4}.$$

Da man aber unter Einführung der Grössen E_1, E_2, E_3, E_4 und Berücksichtigung der Gleichung (77.) hat

$$1 - EE_1 + E_3 + E_1 E_3 = 0,$$
$$1 - EE_2 + E_4 + E_2 E_4 = 0,$$
$$\dfrac{E - E_1}{E - E_3} = \dfrac{F + 1}{F - 1},$$

[306] so kommt

$$\dfrac{1 - 2E_1 z^2 + z^4}{1 - 2E_3 z^2 + z^4} = \dfrac{F + 1}{F - 1} \cdot \dfrac{1 - 2E_2 y'^2 + y'^4}{1 - 2E_4 y'^2 + y'^4},$$

mithin auch

$$\sqrt{(2(F-1))} \dfrac{\partial z}{Az} \sqrt{\dfrac{1 - 2E_1 z^2 + z^4}{1 - 2E_3 z^2 + z^4}}$$
$$= \sqrt{(2(F+1))} \dfrac{\partial y'}{Ay'} \sqrt{\dfrac{1 - 2E_2 y'^2 + y'^4}{1 - 2E_4 y'^2 + y'^4}},$$

und hierdurch ist die Reduction der Differentialgleichungen

auf eine in Bezug auf die Variabeln symmetrische Form wie gewünscht geleistet.

Führt man daher die Werthe 78. in die Gll. (73.) bis (75.) ein, so erlangt man folgende Substitutionen, die unsere Differentialgleichungen (56.) zur symmetrischen Trennung der Variabeln umformen:

(79.)
$$p = \frac{\beta(a^4-1)yy' + a.1y.1y'}{1 + y^2y'^2 - a^2(y^2 + y'^2)},$$

$$q = \frac{\beta(a^4-1)yy' - a.1y.1y'}{1 + y^2y'^2 - a^2(y^2 + y'^2)},$$

$$pq = \frac{y^2 + y'^2 - a^2(1 + y^2y'^2)}{1 + y^2y'^2 - a^2 y^2 - y'^2},$$

$$p^2 + q^2 =$$
$$2a^2 \frac{(1+y^2y'^2)^2 + (y^2+y'^2)^2 - 2E(y^2+y'^2)(1+y^2y'^2) + S.E^2 - 1 \cdot y^2y'^2}{\{1 + y^2y'^2 - a^2 y^2 + y'^2\}^2},$$

$$4p.4q = -\frac{\beta^2(a^4-1)^2(y^2-y'^2)(1-y^2y'^2)}{\{1 + y^2y'^2 - a^2(y^2 + y'^2)\}^2},$$

durch deren Hülfe aber entstehen die Gll.

(80.)
$$\frac{\delta y}{4y}\sqrt{\frac{1-2E_2y^2+y^4}{1-2E_1y^2+y^4}} + \frac{\delta y'}{4y'}\sqrt{\frac{1-2E_2y'^2+y'^4}{1-2E_2y'^2+y'^4}}$$
$$= \frac{\sqrt{b+b_1}}{\sqrt{(2F+1)}}\delta u,$$

$$\frac{\delta y}{4y}\sqrt{\frac{1-2E_1y^2+y^4}{2-2E_2y^2+y^4}} + \frac{\delta y'}{4y'}\sqrt{\frac{1-2E_1y'^2+y'^4}{1-2E_2y'^2+y'^4}}$$
$$= \frac{\sqrt{(b-b_1)}}{\sqrt{(2F-1)}}\delta v.$$

Die Variabeln y und y' werden durch p und q folgendermaassen ausgedrückt. Aus den Gll. (79.) kommt

$$p + q = \frac{2\beta(a^4-1)yy'}{N}, \quad 1 + a^2pq = \frac{(1-a^4)(1+y^2y'^2)}{N},$$

$$1 + \beta^2 pq = \frac{\beta^2 - a^2 \cdot y^2 + y'^2}{N}.$$

und hieraus

Entwurf einer Theorie der Abel'schen Transcendenten.

$$\frac{p+q}{1+\alpha^2 pq} = \frac{-2\beta yy'}{1+y^2 y'^2}, \quad \frac{p+q}{1+\beta^2 pq} = \frac{-2\alpha yy'}{y^2+y'^2},$$

wodurch

$$\frac{1+\alpha p}{1-\alpha p} \cdot \frac{1+\alpha q}{1-\alpha q} = \left(\frac{1-yy'}{1+yy'}\right)^2 = f,$$

$$\frac{1+\beta p}{1-\beta p} \cdot \frac{1+\beta q}{1-\beta q} = \left(\frac{y-y'}{y+y'}\right)^2 = g.$$

Zieht man die Wurzeln, so findet man

$$yy' = \frac{1-\sqrt{f}}{1+\sqrt{f}}, \quad \frac{y}{y'} = \frac{1+\sqrt{g}}{1-\sqrt{g}}.$$

[307] woraus

(81.) $y^2 = \dfrac{1-\sqrt{f}}{1+\sqrt{f}} \cdot \dfrac{1+\sqrt{g}}{1-\sqrt{g}}, \quad y'^2 = \dfrac{1-\sqrt{f}}{1+\sqrt{f}} \cdot \dfrac{1-\sqrt{g}}{1+\sqrt{g}}.$

Hieraus leuchtet ein, dass die Gleichung, deren Wurzeln y und y' sind, bis zum achten Grad aufsteigt. Dies aber zeigt schon an und für sich zur Genüge an, dass man gewisse Functionen jener als neue Variable einführen muss, Functionen, die nur von einer Gleichung zweiten Grades abhängen. Auch die Gll. (80.) geben uns eine solche Substitution an die Hand, da sie sich ja durch Einführung von $y^2 + \dfrac{1}{y^2} = x$,

$y'^2 + \dfrac{1}{y'^2} = x'$ bedeutend vereinfachen. Dasselbe ergeben die Gll. (81.), denn man findet

$$\frac{1-y^2}{1+y^2} = \frac{\sqrt{f}-\sqrt{g}}{1-\sqrt{fg}}, \quad \frac{1-y'^2}{1+y'^2} = \frac{\sqrt{f}+\sqrt{g}}{1+\sqrt{fg}},$$

deren Quadrate nur die eine Wurzel $\sqrt{(fg)}$ enthalten:

$$\left(\frac{1-y^2}{1+y^2}\right)^2 = \frac{f+g-2\sqrt{fg}}{1+fg-2\sqrt{fg}},$$

$$\left(\frac{1-y'^2}{1+y'^2}\right)^2 = \frac{f+g+2\sqrt{(fg)}}{1+fg+2\sqrt{(fg)}}.$$

Führt man demnach die Variabeln x und x' durch die Substitutionen

(82.) $$x = \left(\frac{1-y^2}{1+y^2}\right)^2, \quad x' = \left(\frac{1-y'^2}{1+y'^2}\right)^2,$$

ein und zieht die Werthe von f und g herbei, so findet man folgende Formeln:

(83.)
$$x = \frac{E(1+p^2q^2) - (p^2+q^2) + \varDelta p \varDelta q}{(E+1)(1+pq)^2},$$
$$x' = \frac{E(1+p^2q^2) - (p^2+q^2) - \varDelta p \varDelta q}{(E+1)(1+pq)^2}$$

und wegen

$$\frac{\partial y}{\varDelta y} = \frac{1}{2\sqrt{(2(1-E))}} \cdot \frac{\partial x}{\sqrt{x}\sqrt{(1-x)}\sqrt{\left(1 - \frac{E+1}{E-1}x\right)}},$$

die Differentialgleichungen:

(84.)
$$\begin{cases}
\dfrac{\partial x}{\sqrt{x}\sqrt{(1-x)}\sqrt{1-mx}} \cdot \dfrac{\sqrt{(1-m_2 x)}}{\sqrt{(1-m_1 x)}} \\
+ \dfrac{\partial x'}{\sqrt{x'}\sqrt{(1-x')}\sqrt{(1-mx')}} \cdot \dfrac{\sqrt{(1-m_2 x')}}{\sqrt{(1-m_1 x')}} \\
= 2\sqrt{b+b_1}\sqrt{\dfrac{(1-E)(1-E_1)}{(1+E)(1-E_2)}}\,\partial u, \\[4pt]
\dfrac{\partial x}{\sqrt{x}\sqrt{(1-x)}\sqrt{1-mx}} \cdot \dfrac{\sqrt{1-m_1 x}}{\sqrt{(1-m_2 x)}} \\
+ \dfrac{\partial x'}{\sqrt{x'}\sqrt{(1-x')}\sqrt{(1-mx')}} \cdot \dfrac{\sqrt{(1-m_1 x')}}{\sqrt{1-m_2 x'}} \\
= 2\sqrt{(b-b_1)}\sqrt{\dfrac{(1-E)(1-E_2)}{(E-1)(1-E_1)}}\,\partial v,
\end{cases}$$

wenn man nämlich setzt

(85.)
$$m = \frac{E+1}{E-1}, \quad m_1 = \frac{E_1+1}{E_1-1} = \frac{EC-F+D}{C+1\cdot E-1},$$
$$m_2 = \frac{E_2+1}{E_2-1} = \frac{EC-F+D}{C-1\cdot E-1}.$$

[**308** Ausser den Gll. (83.), die den Zusammenhang

Entwurf einer Theorie der Abel'schen Transcendenten. 45

zwischen den ursprünglichen Variabeln p, q und den abgeleiteten x, x' ausdrücken, seien noch folgende angemerkt:

(86.)
$$\sqrt{x} + \sqrt{x'} = \frac{\alpha\sqrt{2}}{\sqrt{E+1}} \cdot \frac{\sqrt{1-\beta^2 p^2)(1-\beta^2 q^2)}}{1+pq},$$

$$\sqrt{x} - \sqrt{x'} = \frac{\beta\sqrt{2}}{\sqrt{E+1}} \cdot \frac{\sqrt{(1-\alpha^2 p^2)(1-\alpha^2 q^2)}}{1+pq},$$

$$\sqrt{1-x} + \sqrt{1-x'}$$
$$= \frac{\sqrt{2}}{\sqrt{E+1}} \cdot \frac{\sqrt{(1+\alpha p)(1+\alpha q)(1+\beta p)(1+\beta q)}}{1+pq},$$

$$\sqrt{1-x} - \sqrt{1-x'}$$
$$= -\frac{\sqrt{2}}{\sqrt{E+1}} \cdot \frac{\sqrt{(1-\alpha p)(1-\alpha q)(1-\beta p)(1-\beta q)}}{1+pq},$$

$$\sqrt{1-mx} + \sqrt{1-mx'}$$
$$= \frac{\sqrt{2}}{\sqrt{E-1}} \cdot \frac{\sqrt{-(1-\alpha p)(1+\alpha q)(1+\beta p)(1-\beta q)}}{1+pq},$$

$$\sqrt{1-mx} - \sqrt{1-mx'}$$
$$= \frac{\sqrt{2}}{\sqrt{E-1}} \cdot \frac{\sqrt{-(1+\alpha p)(1-\alpha q)(1-\beta p)(1+\beta q)}}{1+pq},$$

$$\sqrt{x(1-x)(1-mx)} + \sqrt{x'(1-x')(1-mx')}$$
$$= 2\sqrt{2} \frac{q^3 - p - Eq(1-pq)}{(E+1)\sqrt{(1-E)(1+pq)^3}} \varDelta p,$$

$$\sqrt{x(1-x)(1-mx)} - \sqrt{x'(1-x')(1-mx')}$$
$$= 2\sqrt{2} \frac{p^3 - q - Ep(1-pq)}{(E+1)\sqrt{(1-E)(1+pq)^3}} \varDelta q,$$

$$\sqrt{\frac{1-m_2 x}{1-m_1 x}} + \sqrt{\frac{1-m_2 x'}{1-m_1 x'}}$$
$$= \sqrt{2} \sqrt{\frac{(b+b_1)(E_1-1)}{(F+1)(E_2-1)}} \frac{s \varDelta p}{\varphi}.$$

$$86.\begin{cases} \sqrt{\dfrac{1-m_2 x}{1-m_1 x}} - \sqrt{\dfrac{1-m_2 x'}{1-m_1 x'}} \\ \quad = \sqrt{2} \sqrt{\dfrac{(b+b_1)(E_1-1)}{(F+1)(E_2-1)}} \cdot \dfrac{1\,q}{s\,\varphi}, \\[2mm] \sqrt{\dfrac{1-m_1 x}{1-m_2 x}} - \sqrt{\dfrac{1-m_1 x'}{1-m_2 x'}} \\ \quad = 1\cdot 2 \sqrt{\dfrac{(b-b_1)(E_2-1)}{(F-1)(E_1-1)}} \cdot \dfrac{s\,1p}{\psi}, \\[2mm] \sqrt{\dfrac{1-m_1 x}{1-m_2 x}} - \sqrt{\dfrac{1-m_1 x'}{1-m_2 x'}} \\ \quad = -1\cdot 2 \sqrt{\dfrac{(b-b_1)(E_2-1)}{(F-1)(E_1-1)}} \cdot \dfrac{1\,q}{s\,\psi}. \end{cases}$$

Die Integrationsgrenzen.

Nachdem wir das Problem der vierfach periodischen Functionen auf die Integration einer Quadratwurzel aus einer algebraischen Grösse fünften Grades reducirt haben, verlangt eine vollständige Abrundung die Betrachtung der Grenzen. Zu diesem Ende beachte ich erstens, dass bei Aenderung von u in $u + A + B$ oder in $u + K + L$, die Grössen p und q (die wir den Quotienten $\dfrac{S'}{P'}$, $\dfrac{S''}{P''}$ gleich gesetzt haben) sich entweder vertauschen oder den Reciproken $\dfrac{1}{p}$ und $\dfrac{1}{q}$ gleich werden; woraus erhellt, dass bei Aenderung von u in 309 $u + A + B + K + L$ sich p in $\dfrac{1}{q}$ und q in $\dfrac{1}{p}$ verwandelt. Hieraus folgt, dass die Variabeln x und x', die durch die Gll. 83.) ausgedrückt sind, bei jenen Aenderungen entweder ungeändert bleiben, oder sich gegenseitig vertauschen. Das zweite ist, dass, wenn man dem Argumente u die Periodenhälften $2A$, $2B$, $2A + B$ etc. hinzufügt, die Grössen p und q sich entweder nicht ändern oder die entgegengesetzten Werthe $-p$, $-q$ annehmen, was aus Tabelle (7.) erkannt wird. Da mit x und x' keinerlei Veränderung vorgeht, so folgt aus dem Obigen im Allgemeinen, dass die Variabeln x und x' bei Aenderung von u in

Entwurf einer Theorie der Abel'schen Transcendenten.   47

$$u + n_1(A + B) + n_2(A - B) + n_3(K + L) + n_4(K - L),$$

entweder in sich selbst übergehen, oder sich wechselseitig vertauschen, wenn dabei die Buchstaben n_1, n_2, n_3, n_4 ganze Zahlen bezeichnen. Wenn daher dem Argumente u der Reihe nach die Werthe A, B, K, L etc. beigelegt werden, so führen immer vier auf dieselben Werthe von x und x', so dass man sie in vier Klassen eintheilen kann, deren erste die Werthe 0, $A + B$, $K + L$, $A + B + K + L$, umfasst; die zweite die Periodenviertel A, B, $A + K + L$, $B + K + L$; die dritte die Viertel K, L, $A + B + K$, $A + B + L$; die vierte die Viertel $A + K$, $B + K$, $A + L$, $B + L$. Und im Allgemeinen: bezeichnet man den vielfachen Werth $n_1(A + B) + n_2(A - B) + n_3(K + L) + n_4(K - L)$ der Kürze halber mit H, so kann jede Summe beliebig vieler Viertel auf eine der Formen H, $A + H$, $K + H$, $A + K + H$ zurückgeführt werden; jede einzelne Form führt zu denselben Werthen von x, x'.

Die Bestimmung der Werthe von x und x', die zu den einzelnen Klassen gehören, geschieht sehr bequem mit Hülfe der Tabelle S.\. Man findet nämlich

1) für $u = 0$, $p = 0$, $q = 0$;

2) für $u = A$, $p = \dfrac{\sigma}{\omega}$, $q = \dfrac{\sigma'''}{\omega'''}$;

3) für $u = K$, $p = 0$, $q = \infty$;

4) für $u = A + K$, p unbestimmt, $q = \dfrac{N'''}{z'''}$, woraus $Jq = 0$;

setzt man diese Werthe in die Gleichungen (83.) ein und bedenkt die Formeln (25.)—(28.), (57.) und (55.), so gelangt man zu folgenden Werthen:

1) für $u = H$, $x = 1$, $x' = \dfrac{1}{m}$;

2) für $u = A + H$, $x = \dfrac{1}{m_1}$, $x' = \dfrac{1}{m_2}$;

3) für $u = K + H$, $x = 0$, $x' = \infty$;

4) für $u = A + K + H$, $x = x'$ beliebig;

irgend zwei von diesen kann man als entsprechende Grenzen der Integration auswählen.

[310] Nehmen wir daher beispielsweise die Werthe $u = 0$,

$x = 1$, $x' = \dfrac{1}{m}$ als untere Grenzen. Da nun, wie oben bemerkt, die Differentiale $\partial y'$, $\partial z''$, und ebenso auch ∂u, ∂v die Form $g \partial u + g' \partial u'$, $h \partial u + h' \partial u'$ haben, so kommt:

$$(87.) \begin{cases} \displaystyle\int_{x \div 1} \dfrac{(1 - m_2 x) \partial x}{\sqrt{X}} + \int_{x' \div \frac{1}{m}} \dfrac{(1 - m_2 x') \partial x'}{\sqrt{X'}} = g u + g' u', \\ \displaystyle\int_{x \div 1} \dfrac{(1 - m_1 x) \partial x}{\sqrt{X}} + \int_{x' \div \frac{1}{m}} \dfrac{1 - m_1 x'}{\sqrt{X'}} \partial x' = h u + h' u'. \end{cases}$$

wobei gesetzt ist

$$X = x(1 - x)(1 - m x)(1 - m_1 x)(1 - m_2 x).$$
$$X' = x'(1 - x')(1 - m x')(1 - m_1 x')(1 - m_2 x');$$

so dass die Variabeln x, x', mithin auch p und q, ganz und gar bestimmt sind.

Bevor wir nun weiter gehen, scheint es nicht unangebracht zu sein, einem Einwurfe zu begegnen, der aus der Anwendung der zur vierten Klasse gehörigen Grenzen entstehen kann. Nimmt man nämlich $u = A + K$ als untere Grenze und bezeichnet mit f eine willkürliche Grösse, so findet man die Gleichungen

$$(88.) \begin{cases} \displaystyle\int_{x \div f} \dfrac{(1 - m_2 x) \partial x}{\sqrt{X}} + \int_{x' \div f} \dfrac{(1 - m_2 x') \partial x'}{\sqrt{X'}} \\ \qquad = g(u - A - K) + g'(u' - A' - K'), \\ \displaystyle\int_{x \div f} \dfrac{(1 - m_1 x) \partial x}{\sqrt{X}} + \int_{x' \div f} \dfrac{(1 - m_1 x') \partial x'}{\sqrt{X'}} \\ \qquad = h(u - A - K) + h'(u' - A' - K'). \end{cases}$$

die thatsächlich wegen der Willkürlichkeit der Grenze etwas Absurdes zu haben scheinen. Es ist aber zu beachten, dass für $u = A + K$ zwar $x = x'$ wird, nicht jedoch $\sqrt{X} = \sqrt{X'}$, sondern vielmehr $\sqrt{X} = -\sqrt{X'}$. Denn aus den Gll. (86.) folgt wegen $Aq = 0$ erstens:

$$\sqrt{x(1-x)(1-mx)} - \sqrt{x'(1-x')(1-mx')} = 0.$$

Entwurf einer Theorie der Abel'schen Transcendenten.

sodann wegen $s = \frac{P'}{P''} = 0$

$$\sqrt{\frac{1-m_1 x}{1-m_2 x}} + \sqrt{\frac{1-m_1 x'}{1-m_2 x'}} = 0$$

woraus $\sqrt{X} = -\sqrt{X'}$. Hieraus erhält man offenbar

$$\int_{f \div g} \frac{1-m_2 x \, \partial x}{\sqrt{X}} + \int \frac{1-m_2 x' \, \partial x'}{\sqrt{X'}} = 0;$$

addirt man diese Gleichung zu den Gll. 55, so ist es ganz klar zu sehen, dass die Summe der beiden Integrale sich nicht im geringsten ändert, wenn man f in g umändert. Diese Ueberlegung aber bietet die Lösung des Paradoxons dar.

[311.] **Lösung des Umkehrproblems der Abel'schen Transcendenten.**

Wir kommen nun zum Umkehrproblem, wie es gewöhnlich aufgestellt zu werden pflegt: Gegeben sind die Differentialgleichungen

$$\int \frac{\alpha + \beta y \, \partial y}{\sqrt{Y}} + \int \frac{\alpha + \beta y' \, \partial y'}{\sqrt{Y'}} = v,$$

$$\int \frac{\alpha' + \beta' y \, \partial y}{\sqrt{Y}} + \int \frac{\alpha' + \beta' y' \, \partial y'}{\sqrt{Y'}} = v',$$

wo Y und Y' ganze Ausdrücke fünften oder sechsten Grades in den Variabeln y und y' bezeichnen; gesucht sind die Grössen y und y'. Die Lösung dieses Problems ist aus dem Vorhergehenden leicht abzuleiten.

Man führe nämlich zunächst die Differentiale mit Hülfe einer geeigneten Substitution auf die Form 57. zurück, was als elementar hier nicht ausführlicher verfolgt werden soll, und setze

$$\int \frac{1-m_2 x}{\sqrt{X}} \partial x + \int \frac{1-m_2 x'}{\sqrt{X'}} \partial x' = gu + g'u',$$

$$\int \frac{1-m_1 x}{\sqrt{X}} \partial x + \int \frac{1-m_1 x'}{\sqrt{X'}} \partial x' = hu + h'u'.$$

Hätte man aus diesen Gleichungen die Constanten g, h, g', h'

und die Viertel K, L, K', L', A, B, A', B' gefunden, so wäre die ganze Sache durchgeführt.

Sei zu diesem Zwecke die Integration zwischen den vom vorigen Kapitel gelieferten Grenzen ausgeführt und gefunden

$$\int_{0 \div 1}^{\cdot 1} \frac{1-m_2 x}{\sqrt{X}} \partial x + \int_{r \div \frac{1}{m}}^{\cdot} \frac{1-m_2 x'}{\sqrt{X'}} \partial x'$$
$$= gK + g'K') + (gH + g'H'),$$

$$\int_{0 \div 1}^{\cdot 1} \frac{1-m_1 x}{\sqrt{X}} \partial x + \int_{\sigma \div \frac{1}{m}}^{\cdot} \frac{1-m_1 x'}{\sqrt{X'}} \partial x'$$
$$= hK + h'K') + (hH + h'H'),$$

$$\int_{\frac{1}{m_1} \div 1}^{\cdot} \frac{1-m_2 x}{\sqrt{X}} \partial x + \int_{\frac{1}{m_2} \div \frac{1}{m}}^{\cdot} \frac{1-m_2 x'}{\sqrt{X'}} \partial x'$$
$$= gA + g'A' + gH + g'H',$$

$$\int_{\frac{1}{m_1} \div 1}^{\cdot} \frac{1-m_1 x}{\sqrt{X}} \partial x + \int_{\frac{1}{m_2} \div \frac{1}{m}}^{\cdot} \frac{1-m_1 x'}{\sqrt{X'}} \partial x'$$
$$= hA + h'A' + (hH + h'H'),$$

woraus erhellt, dass unsere Integrale vielfache Werthe haben, die wir durch H bezeichneten was für einen Specialfall bereits bekannt war*)). Diese Werthe also nehmen wir als aus der Integralrechnung bekannt an und haben damit durch Vergleichung die Werthe der Ausdrücke $gK + g'K'$, 312] $hK + h'K'$, $gA + g'A'$, $hA + h'A'$, sowie auch der übrigen, aus denen sich $gH + g'H'$ und $hH + h'H'$ zusammensetzen, nämlich $gL + g'L'$, $hL + h'L'$, $gB + g'B'$, $hB + h'B'$, gefunden. Da aber wegen $AK' - A'K = BL' - B'L$ (cf. Gl. (6.)) die Identität besteht

$$(gA + g'A')(hK + h'K') - (hA + h'A')(gK + g'K')$$
$$= (gB + g'B')(hL + h'L') - (hB + h'B')(gL + g'L'),$$

so folgt irgend einer der Ausdrücke aus den sieben andern

---

*) ! J.

Entwurf einer Theorie der Abel'schen Transcendenten. 51

von selbst; daher bleiben zur Bestimmung der zwölf Grössen g, h, g', h', A, B, K, L, etc. nur sieben Gleichungen übrig, zu denen noch jene zwei aus den Gll. (6.) abgeleiteten $AK' = BL'$ und $A'K = B'L$ hinzutreten. Drei mithin von jenen Grössen bleiben unbestimmt, was merkwürdig scheinen könnte, wenn nicht aus der folgenden Betrachtung erhellte, dass jene überhaupt willkürlich sind.

Denn da wir von Ausdrücken der Form

$$e^{ru^2+r'u'^2} P''' = Se^{r(u+2aK+2bL)^2+r'(u'+2aK'+2bL')^2}$$

ausgegangen sind, die sechs Constante enthalten, zeigt man leicht, dass drei von ihnen bei festgehaltenem Werthe von P''' beliebig angenommen werden können. Es wird nämlich:

$$P''' = Se^{4a(rKu+r'K'u')+4b(rLu+r'L'u')+4a^2(rK^2+r'K'^2)+8ab(rKL+r'K'L')+4b^2(rL^2+r'L'^2)},$$

weshalb nach Auswahl von sechs anderen Constanten r_1, K_1, L_1, r'_1, K'_1, L'_1 unter den Bedingungen

$$r_1 K_1^2 + r'_1 K'^2_1 = rK^2 + r'K'^2,$$
$$r_1 K_1 L_1 + r'_1 K'_1 L'_1 = rKL + r'K'L',$$
$$r_1 L_1^2 + r'_1 L'^2_1 = rL^2 + r'L'^2,$$

und ausserdem nach Einführung der Variabeln u_1 und u'_1 durch die Gleichungen

$$r_1 K_1 u_1 + r'_1 K'_1 u'_1 = rKu + r'K'u',$$
$$r_1 L_1 u_1 + r'_1 L'_1 u'_1 = rLu + r'L'u',$$

der Ausdruck P''' in sich selbst übergeht. Wenn aber zwischen sechs Grössen r_1, K_1, L_1, r'_1, K'_1, L'_1 nur drei Gleichungen bestehen, so sind drei willkürlich.

Nachdem man nun die Viertel A, B, K, etc. gehörig bestimmt hat, mögen die Grössen P, P', P'' etc., wie es in den Gll. (4.) vorgeschrieben ist, gebildet werden; dann aber geben die Gleichungen (53.) die vollständige Lösung des Problems.

Notiz über A. Göpel.

Herr *Adolph Göpel*, Doctor der Philosophie und einer der Beamten der hiesigen Königlichen Bibliothek, ist wenige Wochen, nachdem er im März d. J. die wichtige Abhandlung „*Theoriae transcendentium Abelianarum primi ordinis adumbratio levis*" zum Druck übergeben, einer kurzen aber schmerzlichen Krankheit erlegen. In den Stunden, welche ihm sein Amt frei liess, widmete er sich tiefen mathematischen Speculationen. Die einzige Erholung von diesen fand er in der Musik, in welcher er es bis zu einer bedeutenden Fertigkeit gebracht hatte. In stiller Zurückgezogenheit scheint er selbst den Umgang mit den Gelehrten seines Faches vermieden zu haben, die erst nach seinem Tode erfuhren, welch ein bedeutendes Talent unter ihnen gelebt hatte. Ich habe ihn nie gesehen.

Seine Jugenderlebnisse erzählt *Göpel* selbst in dem seiner Doctoraldissertation angehängten Curriculum Vitae. Sein Vater, aus Sachsen gebürtig, war Musiklehrer in Rostock, wo er im September 1812 geboren wurde. Ein mütterlicher Oheim, der englischer Consul in Corsika war, nahm ihn in seinem zehnten Jahre mit sich nach Italien. Dort während eines wechselnden Aufenthaltes in mehreren Städten machte es sich dieser Oheim zum angelegentlichen Geschäft, seinen jungen Verwandten in den Anfangsgründen der Wissenschaften selbst zu unterrichten. Einen längeren Aufenthalt in Pisa während der beiden Winter von 1825 und 1826 benutzte der junge *Göpel*, um an der dortigen Universität den Vorlesungen der Professoren *Pieraccioli*, *Poletti*, *Gerbi* und *Gatteschi* über Algebra und Differentialrechnung, Statik und analytische Mechanik, theoretische und Experimentalphysik beizuwohnen. Im Jahre 1827 kehrte er nach seiner Vaterstadt Rostock zurück, und besuchte hierauf noch zwei Jahre die erste Classe des dortigen Gymnasiums, von wo er die Berliner Universität bezog. Er ergriff mit Eifer die ihm hier gebotene Gelegenheit einer mannigfachen Ausbildung, und hörte ausser mathematischen, physikalischen und chemischen auch noch philosophische, philologische, historische und ästhetische Vorlesungen. Tiefern mathematischen Studien wandte er sich erst nach Beendigung seiner Universitätszeit zu, und wurde, wie viele von denen, welche zu rein mathematischen Speculationen berufen sind, zunächst von der höhern Zahlenlehre [314] angezogen. In seiner zur Erwerbung des Doctorgrades an der Berliner Universität im März 1835 vertheidigten Dissertation „*De aequationibus secundi gradus indeterminatis*", welche etwa $1\frac{1}{2}$ Bogen umfasst, legte er eine Probe dieser arithmetischen Studien ab, welche von grossem Scharfsinn zeugte und seine Fähigkeit zu tiefen Forschungen bekundete. Da diese merkwürdige Dissertation nicht in den Handelsverkehr gekommen ist, will ich hier einige der hauptsächlichsten darin enthaltenen Resultate mittheilen.

Wenn man die Quadratwurzel einer Primzahl A von der Form $4n + 1$ in einen Kettenbruch verwandelt, so enthält, wie bekannt, die symmetrische Periode der Nenner zwei gleiche mittlere Terme. Sind die diesen entsprechenden vollständigen Quotienten

$$\frac{\sqrt{A}+I}{D}, \quad \frac{\sqrt{A}+I'}{D'},$$

so hat *Legendre* gezeigt, dass

$$D = D', \quad A = I'I' + DD,$$

und dass man daher auf diese Weise durch die Verwandlung der Quadratwurzel der Primzahl A in einen Kettenbruch ihre Zerfällung in zwei Quadrate erhält. Dieses schöne Resultat war bisher einzig in seiner Art geblieben. Durch tiefer eingehende Betrachtungen zeigt nun hier *Göpel*, wie man auch, wenn A eine Primzahl von der Form $4n + 3$ oder ihr Doppeltes ist, die Zerfällung von A in die Form $q^2 - \psi^2$ durch die Entwicklung von $\sqrt{A}$ in einen Kettenbruch findet. *Ist nämlich A eine Primzahl von der Form $8n + 3$ oder ihr Doppeltes, so kommt man bei der Entwicklung von $\sqrt{A}$ in einen Kettenbruch immer auf drei auf einander folgende vollständige Quotienten*

$$\frac{\sqrt{A}+I^0}{D^0}, \quad \frac{\sqrt{A}+I}{D}, \quad \frac{\sqrt{A}+I'}{D'},$$

in welchen D entweder $= \frac{1}{2}D^0$ oder $\frac{1}{2}D'$ oder $\frac{1}{2}(D^0 + D')$ ist, und es wird in den beiden ersten Fällen

$$A = I^2 + 2D^2,$$

im dritten

$$A = \tfrac{1}{4}(I-I')^2 + 2D^2 = \tfrac{1}{16}D^0 - D'^2_j + 2D^2,$$

wo $I-I'$ immer durch 2, $D^0 - D'$ durch 4 aufgeht. Wenn dagegen A eine Primzahl von der Form $8n+7$ oder ihr Doppeltes ist, so wird man bei der Verwandlung von $\sqrt{A}$ in einen Kettenbruch immer auf zwei aufeinander folgende vollständige Quotienten

$$\frac{\sqrt{A}+I^0}{D^0}, \quad \frac{\sqrt{A}+I}{D}$$

[315] kommen, für welche

$$D'_0 + D^0 = 2I$$

ist, und diese ergeben

$$A = 2I^2 - \tfrac{1}{4}(D-D^0)^2.$$

wo $D-D^0$ immer gerade ist.

Ich habe mit Hülfe der *Degen*'schen Tafel die folgende Tabelle angefertigt, welche anzeigt, für welche Primzahlen von der Form $8n+3$ oder Doppelte von solchen die drei von *Göpel* unterschiedenen Fälle.

$$D = \tfrac{1}{2}D^0, \quad D = \tfrac{1}{2}D', \quad D = \tfrac{1}{2}(D^0+D'_j)$$

eintreten.

$D = \tfrac{1}{2}D^0$: 3. 6. 11. 22. 35. 43. 59. 83. 131. 139. 179. 211. 214. 227. 262. 278. 283. 326. 379. 419. 443. 467. 491. 502. 547. 619. 659. 683. 694. 739. 787. 811. 827. 838. 971. 998.

$D = \tfrac{1}{2}D'$: 67. 86. 118. 307. 331. 358. 422. 523. 563. 566. 571. 614. 643. 662. 691. 859. 934. 947.

$D = \tfrac{1}{2}(D^0+D'_j)$: 19. 107. 134. 163. 166. 251. 347. 454. 499. 557. 755. 883. 886. 907. 982.

Es ist hierbei zu bemerken, dass wenigstens in den hier betrachteten Zahlen unter 1000 der erste Fall bedeutend überwiegt, indem unter den 69 Zahlen 36 dem ersten, 18 dem zweiten, 15 dem dritten Falle angehören. Für die Primzahlen von der Form $8n+7$ und ihre Doppelten sind in ähnlicher Art die Fälle zu unterscheiden, in welchen $D^0 > D$ oder $D > D^0$.

Nach dieser ersten Arbeit hat *Göpel* in einem Zeitraume von 12 Jahren nichts veröffentlicht, ausser in den Jahren

1843—45 mehrere kleine, mit Geist verfasste, wenn gleich weniger bedeutende Aufsätze, welche er bei Gelegenheit der Correctur einer in Greifswalde von *Grunert* herausgegebenen mathematischen Zeitschrift niederschrieb. In einer derselben beweist er, *dass, wenn in einer Gleichung* $\left(\frac{x + \sqrt{y}}{p}\right)^n = P$ $+ \sqrt{Q}$, *wo x, y, p, n, P, Q ganze Zahlen bedeuten, der Nenner p von 1 verschieden ist, und x, y, p keinen gemeinschaftlichen Theiler haben, immer $p = 2$, $n = 3$ oder ein Vielfaches von 3, x ungerade und y von der Form $8n + 5$ sein muss.* Mit der Handhabung der synthetischen Methoden *Steiner's* zeigt er sich in mehreren dieser Aufsätze vollkommen vertraut. Es ist zu vermuthen, dass sich noch andere grössere unpublicirte mehr oder minder ausgearbeitete Abhandlungen in seinem Nachlass finden werden. Die von ihm kurz vor seinem Tode beendigte oben **316**) angeführte Abhandlung behandelt einen hohen und abstracten Theil der Analysis, und giebt die Lösung eines der bedeutendsten Probleme, welches sich die gegenwärtige Mathematik gestellt hat, die umgekehrten Functionen der ersten Classe der *Abel*-schen Integrale wirklich darzustellen. Durch eine glückliche Divination verallgemeinert er auf naturgemässe Art die einfachen Reihen θ, auf welche ich die elliptischen Functionen zurückgeführt habe, und findet, dass diese verallgemeinerten Reihen die Coëfficienten der quadratischen Gleichung geben, deren beide Wurzeln in meiner Theorie der hyperelliptischen Functionen die simultanen Umkehrungsfunctionen zweier Integralsummen sind. Das einfache Mittel, dessen er sich hiezu bedient, ist die Multiplication zweier von den verallgemeinerten Reihen, wie ich ein ähnliches Verfahren für die Functionen θ selbst im 3. Bande des mathematischen Journals S. 305 angegeben habe. Meisterhaft ist die Art, wie er die Differentialgleichungen, welche er findet, ungeschreckt von ihrer Complication, durch eine passende Substitution in die verlangte Form der von mir aufgestellten Systeme der hyperelliptischen Differentialgleichungen bringt, und hierdurch das gestellte Problem vollständig erledigt. Aber *Göpel* war nicht der einzige, welcher sich mit Glück mit diesem schönen Probleme beschäftigt hat. Eine andere, umfangreichere Arbeit, welche, wie ich glaube, seit dem October v. J. einer berühmten Academie vorliegt, und deren wesentlicher Inhalt mir von ihrem

Verfasser und von mir auch einigen geehrten Freunden seit 3 Jahren bereits mitgetheilt worden ist, geht von derselben glücklichen Divination aus, und führt, wenn auch auf verschiednem, vielleicht leichterm Wege zu denselben Resultaten.

Ich bemerke noch, dass die von *Göpel* angestellten Betrachtungen über die zweiten Differentiale seiner Functionen, welche für den jetzigen Zweck der Abhandlung überflüssig sind, so wie seine ausdrücklichen Worte S. 297 „quas ad secundam speciem nostrarum functionum facere *infra* videbis" und S. 298 „Quam *infra* ad tertiam speciem functionum quadrupliciter periodicarum pertinere videbis" auf weitere noch in der Abhandlung selbst auszuführende Untersuchungen deuten, die man aber in derselben mit Bedauern vermisst. Vielleicht finden sich dieselben in des Autors Papieren, die vielleicht auch das gewagt scheinende Wort rechtfertigen, dass eine ähnliche Methode sich auf alle Transcendenten erstrecke, welche aus der Integration algebraischer Grössen entstehen. Auch dürfte schon nicht so ganz unbedenklich, wie der Verfasser meint, die Ausdehnung auf die Integrale erscheinen, in denen die unter dem Quadratwurzelzeichen befindliche Function den *sechsten* Grad übersteigt, da bei ihnen [317] die Anzahl der in den Reihen enthaltenen Constanten nicht mehr, wie bei den elliptischen und den *Abel*schen Integralen der ersten Classe, mit der Anzahl der Moduln übereinstimmt.

Wenn auch nicht in der ersten Jugendblüthe, wie *Galois* und *Abel*, so hat doch auch hier viel zu früh und mitten in der Arbeit der Tod ein bedeutendes Talent hinweggerafft. Freuen wir uns, dass uns von demselben wenigstens ein schönes und dauerndes Denkmal hinterblieben ist. Bei der Gewohnheit der Deutschen, ihre Arbeiten überreif werden zu lassen, und ihrer Scheu, mit ihren besten Gedanken hervorzutreten, wären wir leicht um die Früchte der Arbeit *Göpel*'s gekommen, wenn ihn nicht ein von Herrn *Hermite* an mich gerichteter Brief, wie in der Einleitung der Abhandlung angedeutet ist, zu ihrer Bekanntmachung bewogen hätte; oder es hat ein dunkles Vorgefühl, das uns aus den Worten „quum magis quam optabam festinandum fuisset" anspricht, ihn zur Eile ermahnt.

Berlin, den 22. September 1847.

C. G. J. Jacobi.

Der Herausgeber dieses Journals bemerkt noch, dass der Herr Dr. *Göpel* als er ihm das Manuscript zu der nunmehr hier gedruckten Abhandlung übergab, dabei auf Befragen äusserte, er habe nicht die Absicht gehabt, an der Bewerbung um den von der Pariser Academie ausgesetzten Preis Theil zu nehmen; es genügte ihm, wie er hinzufügte, die Freude, welche er an der Beschäftigung mit der Mathematik finde. Dass diese letzte Bemerkung ernst gemeint war, davon ist der offenbarste Beweis der, dass, wie es die vorstehende Notiz berichtet, der Herr Dr. *Göpel*, in den 12 Jahren seit seiner Doctor-Dissertation bis auf die gegenwärtige Abhandlung leider! nur Weniges weiter öffentlich bekannt gemacht hat, und dass sogar die übrigen Früchte seiner Beschäftigung mit der Mathematik andern hiesigen Mathematikern unbekannt geblieben waren. Als daher der Herausgeber dieses Journals dem Herrn Dr. *Göpel*, indem er ihm den besten Dank für den schönen Beitrag zum Journale sagte, bemerklich machen musste, dass er wegen der grossen Menge schon vorliegender, ebenfalls wichtiger Beiträge, mit dem besten Willen nicht im Stande sei, den Druck seiner Abhandlung im Journal *unverzüglich* geschehen zu lassen, oder ihn auch nur in dem Maasse zu beschleunigen, wie er es wohl wünschte, hatte der Herr Dr. *Göpel* gegen den Aufschub nichts einzuwenden. Der Herausgeber des Journals war nun bemüht, die Abhandlung so schnell als möglich in das Journal zu bringen; aber so eben, als darauf bald wirklich der Raum dazu sich ergab, hörte er die Nachricht von dem fast plötzlichen [318] Dahinscheiden des Herrn Verfassers. Wäre es auch nur entfernt zu ahnden gewesen, dass dieses traurige Ereigniss so nahe bevorstehe, so würde der Herausgeber *alles* Andre unbedingt aufgeschoben und die Abhandlung des Herrn Dr. *Göpel* sofort zum Druck befördert haben. Allein dies war durchaus nicht der Fall. Herr *Göpel* stand noch im ersten Mannesalter und schien nichts weniger als kränklich. Dem Herausgeber ist es indessen bei dem Allem wahrhaft schmerzlich, dass er nicht dennoch die Abhandlung vor allem Anderen drucken liess, und dass es nicht noch *vor* dem Hinscheiden des Verfassers geschehen ist.

Der Herausgeber hat den Herrn Dr. *Göpel* nur einmal, etwa eine Stunde lang, gesehen und gesprochen; aber er wird sich dessen stets mit einer wehmüthigen Freude erinnern; denn er fand in ihm nicht allein einen unverkennbar wahren

Gelehrten, sondern auch eine, durch Bescheidenheit, Offenheit, durch die feinste Bildung und die angenehmsten geselligen Formen liebenswürdige Persönlichkeit, in einem Maasse, wie es nur selten vorkommt. Von seinen Mitarbeitern in der Bibliothek ist er stets hochgeachtet und geliebt worden; so wie von allen, die ihn sonst kannten. Und Gelehrter war er nicht bloss in der Mathematik, von einem Range, wie er sich in seinen Abhandlungen zu erkennen giebt, sondern, wie der Herausgeber gehört hat, auch in andern Wissenschaften. In der Musik war sein theoretisches Wissen und seine praktische Uebung, wie dem Herausgeber einer seiner Bekannten gesagt hat, der den Herrn *Göpel* lange und genau kannte, und der ein urtheilsberechtigter Kenner ist, sehr bedeutend. Der Herr Dr. *Göpel* war daher in mehr als einem Betracht ein höchst ausgezeichneter Mann, dessen so früher Hintritt als ein wahrer Verlust für die Wissenschaft und die Kunst zu betrachten sein dürfte.

Der Herausgeber hat einige Hoffnung, noch andre fertige mathematische Arbeiten des Herrn Dr. *Göpel* für das Journal aus dessen Nachlass zu erhalten, und er wird sich, wenn diese Hoffnung erfüllt werden sollte, beeilen, diese Arbeiten dem mathematischen Publikum mitzutheilen. Zur Aufnahme der Dissertation in das Journal, von welcher der Herr Prof. *Jacobi* vorstehend eine so schöne Uebersicht giebt, hat er schon die Erlaubniss erlangt, und es wird daher diese Dissertation jedenfalls und sobald als möglich in dem Journale gedruckt werden. Auch glaubt er, wegen der Ausgezeichnetheit des Mannes, nicht zu fehlen, wenn er, wie es geschehen soll, nach den noch vorräthigen, schon gedruckten und vertheilten Fac-simile's, einem der folgenden Hefte ein Fac-simile der Handschrift des Herrn *Göpel* beifügt.

Berlin, den 25. September 1847.

A. L. Crelle.

Anmerkungen.

1 *Zu S. 5.* Man denke sich die Glieder dieser unendlichen Reihe in ein nach allen Seiten ins Unendliche wachsendes Quadrat geordnet, dessen Mitte das Glied $e^{r u^2 + r' u'^2}$ einnimmt, während in jeder Zeile der Coëfficient von L, L' und jeder Colonne der von K, K' constant bleibt, während der andere von $-\infty$ bis $+\infty$ läuft. Vorausgesetzt ist immer die Convergenz dieser unendlichen Doppelreihe, deren Bedingung *Göpel* hier nicht näher untersucht.

2 *Zu S. 6.* Man vergleiche die Zusammenstellung der verschiedenen Bezeichnungen in der letzten Anmerkung zu der Abhandlung von *Rosenhain* über die ultra-elliptischen Functionen 'Bd. 65 dieser Sammlung'. Definirt man die fundamentale Theta-Function durch

$$\vartheta(v,v') = \sum^{u,u'} e^{\pi i q(u,u') + 2\pi i (vu + v'u')}$$

$$q(u,u') = a_{1,1} u^2 + 2 a_{1,2} u u' + a_{2,2} u'^2,$$

so muss man, um $P'''(u,u') = \vartheta(v,v')$ zu erhalten

$$\pi i a_{1,1} = 4 \; rK^2 + r'K'^2$$
$$\pi i a_{1,2} = 4 \; rKL + r'K'L'$$
$$\pi i a_{2,2} = 4 \; rL^2 + r'L'^2$$
$$\pi i v = 2 \; rKu + r'K'u'$$
$$\pi i v' = 2 \; rLu + r'L'u'$$

setzen.

Darnach lassen sich die bei *Göpel* vorkommenden Formeln aus der Theorie der Theta-Functionen ableiten.

3) *Zu S. 15.* Das hier gewählte Zeichen u für den Nullwerth von U ist nicht mit dem Argument u zu verwechseln.

4) *Zu S. 21.* Die hier aufgezählten Producte $P'L'$, $P''L''$, etc., zwischen denen eine lineare Relation besteht, sind solche, die bei den Aenderungen der Tabelle (7 die gleichen Veränderungen erfahren, wie PQ gleichändrige

Producte). Dies ist der genaue Sinn dieser etwas ungenau gefassten Stelle.

5) *Zu S. 22.* Dies ist die *Göpel*'sche Relation vierter Ordnung zwischen vier Theta-Functionen, die die algebraische Abhängigkeit zwischen den Verhältnissen dieser Functionen rein darstellt. Bei *Rosenhain* kommt diese Relation nicht vor. Auf ihre grosse Bedeutung hat *Hermite* hingewiesen in der Abhandlung „Sur la théorie de la transformation des fonctions Abéliennes" Comptes rendus der Pariser Akademie Bd. XL 1855).

Setzt man an die Stelle der vier Functionen P', S', P'', S'' homogene Punktcoordinaten im Raume, so stellt diese Gleichung die *Kummer*'sche Fläche vierten Grades dar. Hierüber ist die Arbeit von *Borchardt* zu vergleichen: „Ueber die Darstellung der *Kummer*'schen Fläche vierter Ordnung mit sechzehn Knotenpunkten durch die *Göpel*'sche biquadratische Relation zwischen vier Theta-Functionen mit zwei Variablen Journal f. Mathematik. Bd. 83, 1877).

6) *Zu S. 37.* Ueber diese Betrachtungen *Göpel*'s und das von *Jacobi* herrührende Fragezeichen !? J. vergleiche man die Anmerkungen zu der *Jacobi*'schen Abhandlung im 64. Hefte dieser Sammlung. Wie sich *Göpel* die drei- und vierfach periodischen Functionen einer Variablen gedacht hat, die er hier annimmt, ist leider aus dem, was er uns hinterlassen hat, nicht zu entnehmen.

7. *Zu S. 52.* Der Herausgeber glaubt dem Leser einen Dienst zu erweisen, indem er die interessanten biographischen und wissenschaftlichen Notizen über *Göpel* von *Jacobi* und *Crelle* hier mit abdrucken lässt.

Die am Schlusse von *Crelle* ausgesprochene Hoffnung ist in soweit in Erfüllung gegangen, als noch zwei Abhandlungen von *Göpel* im Journal f. Mathematik erschienen sind, nämlich „Ueber Projectivität der Kegelschnitte als krummer Gebilde" (Bd. 36, 1848) und die Dissertation „De aequationibus secundi gradus indeterminatis" Bd. 45, 1853).

Um die Anschaffung der Klassiker der exakten Wissenschaften Jedem zu ermöglichen und ihnen weiteste Verbreitung zu sichern, ist der Preis für den Druckbogen à 16 Seiten von jetzt an auf ℳ —.25 festgesetzt worden. Textliche Abbildungen und Tafeln jedoch machen eine entsprechende Preiserhöhung erforderlich.